Königs Erläuterungen und Materialien
Band 481

Erläuterungen zu

Arthur Schnitzler
Traumnovelle

von Horst Grobe

Bange Verlag

Über den Autor dieser Erläuterung:

Horst Grobe, Jahrgang 1944, Studium der deutschen und englischen Philologie, der Philosophie und der allgemeinen Sprachwissenschaften (Bonn 1963–69), Fremdsprachenassistent in Großbritannien (1966/67), Referendariat (Aachen 1969/70), Tätigkeit im gymnasialen Schuldienst in Nordrhein-Westfalen in verschiedenen Funktionen seit 1969, Dr. phil. (Bochum 1993).

1. Auflage 2009
ISBN: 978-3-8044-1886-8

Titelabbildung: Arthur Schnitzler
Druck und Weiterverarbeitung: Tiskárna Akcent, Vimperk

Vorwort

Arthur Schnitzlers *Traumnovelle*, im Jahre 1926 erschienen, greift vieles auf, was auch für seine früheren Werke charakteristisch ist: Ein repräsentativer Fall wird im Wien des Fin de Siècle in einer Atmosphäre von Eros und Tod mit unbestechlicher Präzision untersucht. Zwei Eheleute, in sicheren bürgerlichen Verhältnissen lebend, erzählen einander von nicht realisierten Erlebnismöglichkeiten. Ihre Wege trennen sich für vierunddreißig Stunden, in denen sie im Traum und in nächtlichen Erlebnissen in die Nähe des seelischen Abgrunds geraten. Doch das Schicksal meint es gut mit ihnen. Der Reigen der gemachten Erfahrungen führt sie zurück in die Realität.
Der Regisseur Stanley Kubrick lässt sich von Schnitzlers *Traumnovelle* zu einem Film „inspirieren". Im Jahr 1999 kommt der Film *Eyes Wide Shut* in die Kinos. Mit Schnitzler teilt er das Interesse an dem Thema der Ehe, an psychologischen Vorgängen und atmosphärischer Darstellung.
Die Analyse der beiden Werke und der Vergleich zwischen der Novelle und dem Film lässt die spezifische Sprache der Darstellung in beiden Medien und ihre jeweils eigentümliche Wirkungsmacht vor dem Hintergrund ihrer Entstehungszeiten erkennen.

Zitiert wird nach der bei Reclam erschienenen Ausgabe: Arthur Schnitzler: *Traumnovelle*, hrsg. von Michael Scheffel. Reclam Verlag, Stuttgart, Reclams Universal-Bibliothek, Bd. 18455, 2006. Nachweise aus dem dieser Erläuterung zugrunde gelegten Werk schließen unmittelbar im fortlaufenden Text an das jeweilige Zitat an.

Horst Grobe

1. Arthur Schnitzler: Leben und Werk

1.1 Biografie

Jahr	Ort	Ereignis	Alter
1862	Wien	Arthur Schnitzler am 15. Mai geboren; Vater: Professor Dr. med. Johann Schnitzler (1835–1893), Laryngologe (Kehlkopfspezialist), Direktor der Allgemeinen Wiener Poliklinik von 1880–1893, Gründer der *Internationalen Klinischen Rundschau*; Mutter: Louise Schnitzler, geb. Markbreiter (1838–1911)	
1865	Wien	Geburt des Bruders Julian (gest. 1939)	3
1867	Wien	Geburt der Schwester Gisela (gest. 1953)	5
1871–1879	Wien	Besuch des Akademischen Gymnasiums; Abschluss: Matura (Abitur)	9–17
1879–1884	Wien	Medizinstudium	17–22
1882–1883	Wien	Einjährig-Freiwilliger im Wiener Garnisonsspital Nr. 1 in Wien; Offiziersprüfung	20–21
1885	Wien	Promotion zum Dr. med.; Assistenzarzt im Allgemeinen Krankenhaus und in der Poliklinik,	23

Jahr	Ort	Ereignis	Alter
		Abteilung Nervenpathologie; Bekanntschaft mit Sigmund Freud	
1886	Wien	Sekundararzt in der Abteilung für Psychiatrie; Kennenlernen mit Olga Waissnix (1862–1897); regelmäßige Veröffentlichungen in literarischen Zeitschriften	24
ab 1887	Wien	Redakteur der *Internationalen Klinischen Rundschau*	25
1888	Berlin, London	Studienreisen nach Berlin und London	26
1889	Wien	Beginn des Verhältnisses mit der Schauspielerin Marie (Mizi) Glümer (1873–1925)	27
1890	Wien	Kennenlernen mit Hugo von Hofmannsthal (1874–1929), Felix Salten (1869–1945), Richard Beer-Hofmann (1866–1945), Hermann Bahr (1863–1934), gehört mit diesen einem Kreis der Wiener Moderne an, dem sog. Jung-Wien	28
1893	Wien	Assistent seines Vaters an der Poliklinik; nach dem Tod des Vaters Eröffnung einer Privatpraxis	31

Jahr	Ort	Ereignis	Alter
1894	Wien	Erste Begegnung mit der Gesangslehrerin Marie Reinhard (1871–1899); Beginn des Briefwechsels mit Georg Brandes (1842–1927), dänischer Literaturkritiker, Philosoph und Schriftsteller	32
1895		Beginn des Briefwechsels mit Otto Brahm (1856–1912), Direktor des Deutschen Theaters in Berlin	33
1896	Skandinavien	Kennenlernen mit Alfred Kerr (1867–1948); Nordlandreise, dabei Besuch bei Henrik Ibsen (1828–1906)	34
1898		Fahrradtour (z. T. gemeinsam mit Hugo von Hofmannsthal) durch Österreich, die Schweiz, Oberitalien	36
1899	Wien	Tod Marie Reinhards (Blinddarmdurchbruch); erste Begegnung mit der Schauspielerin Olga Gussmann (1882–1970), seiner späteren Ehefrau	37
1901	Wien	Aberkennung des Offiziersrangs wegen Veröffentlichung des *Lieutenant Gustl*	39

Jahr	Ort	Ereignis	Alter
1902	Wien	Geburt seines Sohnes Heinrich; erster Kontakt mit Karl Kraus (1874–1936); Besuch mit Otto Brahm bei Gerhart Hauptmann (1862–1946) in Agnetendorf	40
1903	Wien	Heirat mit Olga Gussmann	41
1909	Wien	Geburt seiner Tochter Lili (gest. 1928)	47
1910	Wien	Kauf eines Hauses in der Sternwartestraße 71 im 18. Bezirk (Währing) und Einzug	48
1911	Wien	Tod der Mutter	49
1921	Wien	Scheidung, die beiden Kinder bleiben bei Schnitzler	59
1922	Wien	Erstes längeres Treffen mit Sigmund Freud	60
1923	Wien	Erster Präsident des österreichischen PEN-Clubs	61
1926	Berlin	Letztes Treffen mit Sigmund Freud Erscheinen der *Traumnovelle*	64
1928	Venedig	Freitod der Tochter Lili, der Schnitzler tief trifft	66
1931	Wien	Arthur Schnitzler stirbt am 21. Oktober an den Folgen einer Gehirnblutung; Beerdigung auf dem Wiener Zentralfriedhof	69

1.2 Zeitgeschichtlicher Hintergrund

Politik	Jahr
Österreichisch-Ungarischer Ausgleich 1867: Umwandlung der österreichischen Monarchie in die österreichisch-ungarische Doppelmonarchie (k. u. k. Monarchie). Begünstigung der Ungarn gegenüber den anderen Völkern des Vielvölkerstaates. Nationalitätenkonflikte führen fast zur Unregierbarkeit.	1862
„Der große Krach": Am 9. Mai 1873 stürzten die Aktienkurse an der Wiener Börse ins Bodenlose (Gründerkrach). Auch in Deutschland und den USA stürzten die Aktienkurse ab.	1871–1879
	1879–1931
	1880
Dreibund zwischen Deutschland, Italien und Österreich 1882	1882–1883

Biografie	Werke
Arthur Schnitzler geboren	
Besuch des Gymnasiums, Aufnahme des Medizinstudiums	
Tagebuchaufzeichnungen vom 19. März 1879 bis 19. Oktober 1931, also von seinem 17. Lebensjahr an bis zwei Tage vor seinem Tod, insgesamt über 8000 handschriftliche Seiten	
	Erste Veröffentlichung: *Liebeslied der Ballerine* (Gedicht)
Dienst als Einjährig-Freiwilliger und Offizierspatent	

Politik	Jahr
	1885
	1886
	1887
	1888–1891
Gründung der sozialdemokratischen Parteien in Österreich und der Schweiz; Erzherzog Rudolf von Österreich-Ungarn (* 1858) erschießt seine Geliebte und sich	1889
	1890

Biografie	Werke
Promotion zum Dr. med., Assistenzarzt	
Sekundararzt bei Theodor Meynert (Psychiatrie)	
Redakteur an der *Internationalen Klinischen Rundschau*	
	Entstehung des Einakterzyklus *Anatol*
Fachaufsatz in der Internationalen Klinischen Rundschau (*Über funktionelle Aphonie und deren Behandlung durch Hypnose und Suggestion*)	
Aufnahme in den Literaturkreis Jung-Wien; Kennenlernen mit Hugo von Hofmannsthal (1874–1929), Felix Salten (1869–1945), Richard Beer-Hofmann (1866–1945), Hermann Bahr (1863–1934)	

Politik	Jahr
	1893
	1893–1894
	1894
	1895
Waidhofener Beschluss (jüdische Kommilitonen für satisfaktionsunfähig erklärt, da man Juden wegen fehlender Ehre gar nicht beleidigen könne)	1896
Der Antisemit Karl Lueger wird 1897 Wiener Oberbürgermeister (bis 1910)	1896–1897
	1898

Biografie	Werke
Assistent seines Vaters an der Poliklinik; Beschäftigung mit Suggestion und Hypnose; Tod des Vaters; Privatpraxis	*Anatol* (Erstdruck)
	Entstehung des Schauspiels *Liebelei*
Erste Begegnung mit der Gesangslehrerin Marie Reinhard (1871–1899); Beginn des Briefwechsels mit Georg Brandes	Erstdruck der Novelle *Sterben*
Beginn des Briefwechsels mit Otto Brahm (1856–1912), Direktor des Deutschen Theaters in Berlin	*Liebelei* (Uraufführung: Wien, Burgtheater)
Kennenlernen mit Alfred Kerr (1867–1948)	*Liebelei* (Erstdruck)
	Entstehung der Komödie *Reigen*
	Entstehung der Groteske *Der grüne Kakadu*

Politik	Jahr
	1899
	1900
Die Protokolle der Weisen von Zion (antijüdische Fälschung der russischen Geheimpolizei; darin jüdische Tendenz zur Weltherrschaft behauptet) beeinflusst auch Antisemitismus in Österreich.	1901
	1903
	1904

Biografie	Werke
	Der grüne Kakadu (Erstdruck, Uraufführung: Wien, Burgtheater)
	Entstehung und Erstdruck der Novelle *Leutnant Gustl*; *Reigen* (Privatdruck)
Aberkennung des Offiziersrangs in einem Ehrenratsverfahren wegen des Verfassens und der Veröffentlichung der Novelle *Leutnant Gustl*, wodurch er die Ehre des Offiziersstandes verletzt habe	
Heirat mit Olga Gussmann (1882–1970)	*Reigen* (öffentliche Buchausgabe und Uraufführung in München [nur vierter, fünfter und sechster Dialog]); Bauernfeld-Preis; Entstehung des Schauspiels *Der einsame Weg*)
	Der einsame Weg (Erstdruck und Uraufführung: Berlin, Deutsches Theater); Verbot der Buchausgabe des *Reigen* in Deutschland

Politik	Jahr
	1905–1912
Österreich-Ungarn annektiert Bosnien und Herzegowina	1908
	1908–1909
	1910
Regierungskrise (entstanden durch Arbeitsunfähigkeit des öst.-ungarischen Reichsrates wegen der Konflikte mit den Minderheiten); blutige Unterdrückung der Teuerungsunruhen in Wien	1911

Biografie	Werke
	Entstehung der Komödie *Professor Bernhardi*
	Erstdruck des Romans *Der Weg ins Freie*; Grillparzer-Preis
1909 Geburt der Tochter Lili	08/09 Entstehung der Tragikomödie *Das weite Land*; 08 Erstdruck der Komödie *Komtesse Mizzi oder Der Familientag* und 09 Uraufführung: Wien, Volkstheater
	Anatol (Uraufführung: Wien, Deutsches Volkstheater; gleichzeitig Berlin, Lessingtheater)
Tod der Mutter	*Das weite Land* (Erstdruck; Uraufführung: Berlin, Lessingheater; Breslau, Lobe-Theater; München, Residenztheater; Hamburg, Deutsches Schauspielhaus; Prag, Deutsches Landestheater; Leipzig, Altes Stadttheater; Hannover, Schauburg; Bochum, Stadttheater; Wien, Burgtheater)

Politik	Jahr
Erneuerung des Dreibundes zwischen Deutschland, Österreich und Italien	1912
Erster Weltkrieg	1914–1918
Tod des Kaisers Franz Joseph I. (regierte seit 1848), Nachfolger: Karl I., Großneffe Franz Josephs	1916
Thronverzicht Kaiser Karls I.	1918
1919–1938 I. Republik Österreich	1920
	1921

Biografie	Werke
	Professor Bernhardi (Erstdruck und Uraufführung: Berlin, Kleines Theater; Verbot der Uraufführung des *Professor Bernhardi* in Wien durch die Zensur); Erscheinen der *Gesammelten Werke* anlässlich des 50. Geburtstages
	Professor Bernhardi (Uraufführung am Wiener Volkstheater)
	Reigen (Uraufführung des gesamten Stücks in Berlin am Kleinen Schauspielhaus)
Scheidung	Organisierter Skandal wegen Aufführungen des *Reigen* in Berlin und Aufführungsverbot; der sog. Reigenprozess vom 5.–12. November 1921 gegen die wegen Unzucht und Erregung öffentlichen Ärgernisses angezeigten Schauspieler Maximilian Sladek und Gertrud Eysoldt endete zwar mit einem Freispruch,

Politik	Jahr
	1922
	1924
	1926
	1926–1927
	1928
	1931
Deutschland: Reichstagsbrand; „Ermächtigungsgesetz"; Machtergreifung durch die Nationalsozialisten; Bücherverbrennung	1933
„Anschluss" Österreichs („Ostmark", „Alpen- und Donaugaue")	1938

Biografie	Werke
	doch nachdem auch Aufführungen in Wien und München zu organisierten Krawallen deutschnationaler, katholischer und antisemitischer Kreise geführt hatten, verbot Schnitzler weitere Inszenierungen.
Erstes längeres Treffen mit Sigmund Freud	Erweiterung der *Gesammelten Werke* anlässlich des 60. Geburtstages
	Erstdruck der Novelle *Fräulein Else*
Verleihung des Burgtheaterrings	Erstdruck der Novelle *Traumnovelle*
	Erstdruck der Novelle *Spiel im Morgengrauen*
Freitod der Tochter Lili	Erstdruck des Romans *Therese*
Tod Arthur Schnitzlers	
Schnitzler gehört zu den von den Nationalsozialisten indizierten Autoren, seine Werke werden verbrannt und verboten	

Biedermeier

Arthur Schnitzler wurde in die Regierungszeit **Franz Josephs I.** (1830–1916, Reg.zeit 1848–1916) hineingeboren. Dieser war der Erbe des biedermeierlichen Regimes, dessen Ursprünge bis in den Beginn des 19. Jahrhunderts zurückreichen. Im Jahr 1804 übernahm der Habsburger Franz II., Kaiser des Heiligen Römischen Reiches Deutscher Nation (1792–1806), als Franz I. die **österreichische Kaiserkrone** (1804–1835), nachdem er vorher das Erzherzogtum zum Kaisertum Österreich ausgerufen hatte. 1806 dankte er unter dem Druck Napoleons als römisch-deutscher Kaiser ab, damit endete das Heilige Römische Reich, das seit dem Jahr 962 bestanden hatte und in dem Rudolf I. als erster Habsburger im Jahr 1273 zum König gekrönt worden war. Seitdem hatten die Habsburger mit ihren Angehörigen verschiedener Linien über Jahrhunderte hinweg eine bedeutende Rolle gespielt.

Kaiserreich Österreich

Unter Franz I. war **Metternich** (1773–1859) zunächst Außenminister und ab 1821 Kanzler. Mit einer geschickten Außenpolitik, insbesondere durch die Ergebnisse des Wiener Kongresses (1815), führte er das Kaisertum Österreich aus der Niederlage heraus und verhalf ihm in der europäischen Politik zu einem neuen Gewicht. Der Macht nach außen entsprach die Stärke nach innen, deren Grundlagen Bürokratie und Polizei waren. Das Bürgertum genoss die vermeintliche Sicherheit und enthielt sich eigener politischer Aktivitäten.
Auf Franz I. und Ferdinand I. (1835–1848) folgte nach der niedergeschlagenen Revolution von 1848 **Franz Joseph I.** Ihn nahm sich das Bürgertum zum Vorbild. Er war die Klammer, die alles zusammenhielt. Ohne politische Vision für das Reich auf dem Weg von der vorindustriellen Gemeinschaft in die industrielle Gesellschaft hinein, versah er sein Amt mit Fleiß

und Routine. Dabei waren **Aristokratie, Bürokratie, Militär, Kirche und Universitäten** die Mittel, deren er sich für die Ausübung der Macht bediente. Das blieb auch so, als sich im Zusammenhang mit dem ungelösten **Nationalitätenproblem** die Grundlagen des Staatswesens änderten: das Kaisertum Österreich (1804–1867) wurde durch die Doppelmonarchie **Österreich-Ungarn** (1867–1918) abgelöst. Staat und Monarchie schienen schon immer vorhanden zu sein und alle Bereiche des Lebens segensreich zu lenken. In der **Regierungszeit Franz Josephs I. (1848–1916)** wurde die Herrschaft Habsburgs vollends zum Mythos mit der Folge, dass die Zeit nach dem Ersten Weltkrieg als Vertreibung aus dem Paradies empfunden wurde.

Österreich-Ungarn

Dabei war der Zusammenbruch vorhersehbar und zwangsläufig. Das sahen auch die Kritiker, die auf lange Sicht ohne Hoffnung waren, auf kurze Sicht jedoch herrschte das Gefühl der Sicherheit und führte im Bereich von Kultur und Unterhaltung zu Höchstleistungen. Grundlage des politischen und öffentlichen Lebens in Gesellschaft und Kultur war ein **Traditionalismus**, der kaum andere Gedanken oder gar Reformen aufkommen ließ.[1]

Ursachen des Niedergangs

Maßgeblich war der Hof. Der Kaiser hielt nichts von modernen Errungenschaften wie Telefon, Eisenbahn, Auto oder elektrischem Licht. Das Leben bei Hofe wurde vom **Spanischen Hofzeremoniell** bestimmt. **Hoffähig** waren nur die Angehörigen der Aristokratie. Es wurde streng darüber gewacht, dass sie

Hof

1 Die maßgeblichen Kräfte, die den Niedergang verursachten, und ihre Wirkung in den gesellschaftlichen Institutionen stellt William M. Johnston in seiner Untersuchung *Österreichische Kultur- und Geistesgeschichte. Gesellschaft und Ideen im Donauraum 1848–1938* (aus dem Amerikanischen übertragen von Otto Grohma. Wien u. a.: Böhlau, 4., ergänzte Auflage 2006) dar, auf welcher der nachfolgende Überblick fußt.

mindestens 16 aristokratische Vorfahren hatten. Der niedere Adel war nicht hoffähig.

Bürokratie

Die Umsetzung der Macht erfolgte durch die Bürokratie und einen zuverlässigen **Beamtenapparat**. Seine Angehörigen erfreuten sich eines bescheidenen, aber sicheren Einkommens und regelmäßiger Beförderungen. Die Leiter von Behörden und ihrer Abteilungen konnten zum Hofrat ernannt werden oder den erblichen Titel „Edler" erlangen. Die bürokratische Behandlung von Vorgängen durch Gleichförmigkeit und Schriftlichkeit durchdrang alle Bereiche des öffentlichen Lebens, auch Wissenschaft und Kultur. Eine gewisse Lockerung des starren Gefüges wurde durch Schlamperei und Protektion bewirkt.

Militär

Die Armee war eine weitere Säule der Herrschaft. An ihrer Spitze standen Erzherzöge, Kommandeure waren mittellose Adlige; erst später konnten fähige Armeeangehörige in das Offizierkorps aufsteigen. Die höheren Dienstränge waren hoffähig. Ab 1868 herrschte eine allgemeine Wehrpflicht von drei Jahren. Studenten brauchten nur ein freiwilliges Jahr zu leisten. Das Leben der Soldaten wurde durch einen **Ehrenkodex** reguliert. Die Freizeit vertrieb man sich fern der Hauptstadt gern mit Spiel. Dienstsprache war Deutsch, auch dann, wenn die gesamte Einheit nur aus Angehörigen einer anderen Nationalität bestand.

Die Armee war im Kern eine Friedensarmee, die eine gesellschaftlich repräsentative Funktion erfüllte und militärisch wenig wirksam war.

Auch die **Kirche** und das **Erziehungswesen** waren Teil des bürokratischen Systems, das dem Traditionalismus verpflichtet war.

Außer dem Bürokratismus nennt William M. Johnston **Ästhetizismus, Positivismus und Impressionismus** als Kräfte, welche die geistigen Grundlagen bestimmten.
Seit dem Barock waren die diesseitige Freude, Feste und Selbstdarstellung Züge des öffentlichen Lebens gewesen. Sie gediehen besonders prächtig im 19. Jahrhundert, in dem das Bürgertum kein Interesse an Politik entwickeln konnte und wollte, zumal die finanzielle Sicherheit gesichert zu sein schien. Der gesellschaftliche Umgang wurde als Vergnügen für sich selbst und andere inszeniert, wobei Salons die Bühne und Etikette die Ausdrucksformen waren. Dabei galten für Männer und Frauen unterschiedliche Werteordnungen, die es zu befolgen galt. Weitere Orte des gesellschaftlichen Verkehrs waren das Theater, das Kaffeehaus, die Ausstellung. Neben Schauspiel, Oper und Operette sowie Malerei blühte das Feuilleton auf. Sie alle boten Ausdrucksmöglichkeiten für Impressionismus und Dekoration. Zugleich mit der Fülle des Lebens beherrschte viele Intellektuelle die Faszination durch den Tod. Junge Leute verübten in großer Zahl Selbstmord. Auch das Duell kann vor diesem Hintergrund als verkappter Selbstmord gesehen werden.

Positivismus

Im intellektuellen Bereich entspricht dem der Positivismus mit seiner Abneigung gegen jegliche metaphysische Spekulation und die Beschränkung auf nachweisbare Tatsachen und Experimente. In einem solchen Umfeld hatten es andere Ansätze schwer, sich durchzusetzen. Das gilt auch für die **Psychoanalyse Sigmund Freuds** (1856–1939): Zwar erinnern seine psychischen Instanzen an die klassische Mechanik der Physik, aber sie sind keine beobachtbaren Größen, sondern nur in der Wirkung wie etwa der Neurose erfahrbar.

1.3 Angaben und Erläuterungen zu wesentlichen Werken

Der Blick als Arzt und Schriftsteller bestimmt Arthur Schnitzlers Zugriff auf die Wirklichkeit und ihre Gestaltung in Texten. Er selbst hat das „Ineinanderfließen von Ernst und Spiel, Leben und Komödie, Wahrheit und Lüge" als das Grundmotiv bezeichnet, das ihn „immer wieder, auch jenseits alles Theaters und aller Theaterei, ja über alle Kunst hinaus, bewegt und beschäftigt hat"[2]. Für das **Lebensgefühl der Zeit** sind viele Bezeichnungen gefunden worden. Das Bewusstsein des zu Ende gehenden Jahrhunderts ist im Begriff *Fin de Siècle* deutlich, die Wahrnehmungsweise ist mit der Bezeichnung *Impressionismus* angesprochen. Die Bezeichnungen verweisen darauf, dass der Mensch durch **Vereinzelung** und sein Lebensgefühl durch **Melancholie** und **Lebensmüdigkeit**, aber auch durch **Ästhetizismus** und den **Genuss** der Schönheit gekennzeichnet sind. Sie korrespondieren in politischer Hinsicht mit dem Untergang des alten Österreich, der Bedeutungslosigkeit des liberalen Bürgertums und dem Aufkommen des Antisemitismus.

Impressionismus

Philosophische Grundlage

Das impressionistische Lebensgefühl wird auch in der Philosophie von **Ernst Mach** (1838–1916) deutlich. Ihm geht es darum, Aussagen nur auf empirischer Grundlage zu machen und auf Metaphysik zu verzichten. Der Überprüfung hält nur stand, was im Augenblick ist. Daher gibt es keine konstante Person, keinen Charakter. Das Ich besteht nur im Augenblick und wird bestimmt durch Stimmung, Gefühl, Assoziation, Erinnerung. Für die Psyche heißt das, dass sie Empfindung ist. Zentral für

2 Schnitzler, Arthur: *Jugend in Wien. Eine Autobiographie.* Hrsg. von Therese Nickl und Heinrich Schnitzler. Wien: Molden, 1968, S. 27 f.

Machs Philosophie ist der Begriff der **Empfindung**, der auch im Titel seines Hauptwerks enthalten ist: *Die Analyse der Empfindungen* (1886). Leben stellt sich demnach dar als Abfolge von Gefühlen und Augenblicken ohne Entwicklung und Konstanz. Die Vorstellung von der Psychologie der Zeit als empirisch überprüfbare Wissenschaft wird von **Sigmund Freud** (1856–1939) geteilt. Zwischen ihm und Arthur Schnitzler ergeben sich **Berührungspunkte**. Beide richten ihr Augenmerk auf die Triebstruktur des Menschen, wobei die Sexualität eine herausragende Rolle spielt. Beide untersuchen Traum und Hypnose als Zugangsmöglichkeiten zum Verständnis menschlichen Handelns. Beide leben und arbeiten zur selben Zeit in Wien, in wechselseitiger Wertschätzung einander distanziert beobachtend. Zwar begegnen sie sich einige Male auf gesellschaftlichem Parkett, es kommt aber kein intensiver Austausch zustande. Erst anlässlich von Arthur Schnitzlers 60. Geburtstag kommt es dazu.

Psychologie der Zeit

Sigmund Freud entwickelt in diesen Jahren seine **Psychoanalyse**. Sein Werk *Die Traumdeutung* erscheint 1899 symbolträchtig vordatiert mit der Jahresangabe 1900. Das Interesse Arthur Schnitzlers ist ärztlicher, aber auch schriftstellerischer Art. Ihm geht es um die fundierte unmittelbare Darstellung seelischer Vorgänge. Daher entwickelt er selbstständig und unabhängig von Freud den inneren Monolog, der den freien Assoziationen Freuds nahe kommt, aber in einem gänzlich anderen Funktionszusammenhang steht.

Vor dem Hintergrund des untergehenden alten Österreich, der Biografie Arthur Schnitzlers und seinen verschiedenen Interessen sowie dem intellektuellen Klima der Zeit sind die Themen seiner Werke verständlich. Das Leben als Maske, Rolle und Konvention bzw. das Verhältnis von Sein und Schein wird in seiner ganzen Brei-

Schnitzlers Themen

te analysiert. Leben und Spiel erscheinen ambivalent: als Spiel des Lebens und das Leben als Spiel.
Diese **Grundthematik** wird im Werk vielfältig aspektiert:

- Zum **Tod** kommt es durch ein **Duell** (*Lieutenant Gustl*, *Das weite Land*, *Liebelei*), durch **Selbstmord** (*Lieutenant Gustl*, *Spiel im Morgengrauen*) oder durch **Krankheit** (*Sterben*, *Traumnovelle*).
- Handelnde sind Angehörige führender Schichten, **Offiziere** im *Spiel im Morgengrauen*, in *Lieutenant Gustl* und in *Das weite Land*, der **Adel** im *Reigen*.
- **Liebe** und **Lust** wird in *Reigen*, *Liebelei* und *Traumnovelle* thematisiert.
- Das **Spiel** als **Glücksspiel, Schauspiel, Lebensspiel** ist Gegenstand in *Lieutenant Gustl*, *Spiel im Morgengrauen*, *Der grüne Kakadu*.
- Die **gesellschaftliche Leere** kommt im Ehrbegriff (*Lieutenant Gustl*) , in Konventionen (*Das weite Land*), in der Konversation (*Der Weg ins Freie*, *Liebelei*) zum Tragen.
- Die geschwundene Tragfähigkeit der Gesellschaft wird im aufkommenden **Antisemitismus** (*Professor Bernhardi*, *Lieutenant Gustl*, *Fräulein Else*) deutlich.

Die Gruppierung wesentlicher Werke Arthur Schnitzlers nach Themen lässt noch etwas anderes erkennen. Viele Texte haben den Charakter von Studien. Ein Charakter, ein Vorfall, eine Beziehung wird analysiert und diagnostiziert. Es geht um das Verhältnis Traum – Leben, Liebe – Lust, Spiel – Ernst, Leben – Tod. Die Untersuchungsgegenstände sind individueller Art und haben eine unübersehbare gesellschaftliche Relevanz.
Die Texte haben daher eine Tendenz zum Einakter, zur kurzen Erzählung, die aber auch durch Reihung und Montage aufgehoben werben kann (*Anatol*, *Reigen*).

2. Textanalyse und -interpretation

2.1 Entstehung und Quellen

Über die Entstehung der *Traumnovelle* sind wir gut informiert. Idee und zentrale Motive der Erzählung beschäftigen Schnitzler erstmals im Jahr 1907. Am 15. Juni 1907 trägt er in sein **Tagebuch** ein:

Entstehung

„Der junge Mensch, der von seiner schlafenden Geliebten fort in die Nacht hinaus zufällig in die tollsten Abenteuer verwickelt wird – sie schlafend daheim findet wie er zurückkehrt; sie wacht auf – erzählt einen ungeheuern Traum, wodurch der junge Mensch sich wieder schuldlos fühlt."[3]

Eine Ausarbeitung, die bereits die wesentlichen Motive enthält, notiert Schnitzler am 20. Juni 1907 in seinem Tagebuch:

Ausarbeitung

„Junger Mann | Ehemann, Brautnacht? | fortgeholt | Arzt? | Zu seinem Patienten, der eben gestorben ist.
Einsame Tochter.
Er geht fort in der Nacht, trifft eine Art Ehrenfeld oder kommt auf Andre Weise in jenes Schloss, | Palast | wo der Ball stattfindet, auf dessen Höhe nicht die Masken, aber die Kleider fallen. Er will eine der Fr[a]uen, ist schon daran mit ihr [z]u entfliehen, ein Liebhaber fordert ihn, sie fahren in den Prater, Duell, er tötet den Menschen, erkennt in ihm ejtzt [recte: jetzt] erst einen Freund.
Nach Hause. Was wird er ihr sagen?
Sie schläft noch. Wacht auf.

3 *Tagebuch 1903–1908*, S. 283.

Fremde Augen.
Nun erzählt sie ihm ihr[e]n Traum.
Hiezu den Novellenplan ‚Verlockung' zu benützen.
Hierauf kommt er sich ganz unschuldig vor."[4]

Dann ruht das von Schnitzler später „Doppelnovelle" genannte Projekt bis 1920. In sein Tagebuch notiert er am 4. Januar 1920 „Einfälle zum Anfang der ‚Doppelnovelle'"[5] und am 18. Juni 1921 „Notizen zu der ‚Doppelnovelle'"[6] Er beginnt am 12. Oktober 1921 mit der Niederschrift[7], doch immer wieder gerät die Arbeit ins Stocken. Im Tagebuch hält er am 2. Oktober 1922 fest, er sei dabei „sehr stimmungslos"[8] gewesen. Als er am 17. März 1923 den **vorläufigen Abschluss** der Novelle notiert[9], stellt sich keine Zufriedenheit ein. Am 23. September 1923 äußert er sich unzufrieden über den Schluss der Novelle[10] und am 30. März 1924 hält er im Tagebuch fest: „N[nach]m[ittag] las ich die Doppelnov[elle] durch, die zu retten scheint"[11]. – Erst seit 1924 verwendet er in seinen Aufzeichnungen den endgültigen Titel *Traumnovelle*.[12]
Weitere Tagebucheintragungen berichten über Diktate der Novelle und erneute Arbeiten am Text („Feilen"). Am 18. Juni 1925 liest er sie seiner Frau vor, auf die die Novelle eine starke Wirkung ausübt; trotzdem ist Schnitzler immer noch nicht zufrieden mit dem Text.[13] Am 3. August 1925 schickt Schnitzler die Endfassung an Paul Wiegler, in dessen Zeitschrift „Die Dame" der Text vom

4 Heizmann, Bertold: *Arthur Schnitzler ‚Traumnovelle'*, Erläuterungen und Dokumente, Stuttgart 2006, S. 55 ff.
5 *Tagebuch 1920–1922*, S. 10.
6 Ebd., S. 191.
7 Ebd., S. 238.
8 Ebd., S. 363.
9 *Tagebuch 1923–1926*, S. 32.
10 Ebd., S. 85.
11 Ebd., S. 138.
12 In einem Brief an seinen Sohn Heinrich vom 19. Oktober 1924.
13 Vgl. *Tagebuch 1923–1926*, S. 261.

Dezember 1925 bis März 1926 in Fortsetzungen abgedruckt wird. Für die **Buchveröffentlichung** zieht er mehrere Verlage in Betracht. Er entscheidet sich für den S. Fischer Verlag. Am 14. Mai 1926 schreibt er in sein Tagebuch: „Traumnovelle erschienen“[14].

Die Entwicklung von der Idee bis zur Buchveröffentlichung hat Schnitzler neunzehn Jahre beschäftigt.

---

14 Ebd., S. 330.

2.2 Inhaltsangabe

Der Text stellt in sieben Abschnitten eine krisenhafte Episode über einen Zeitraum von 34 Stunden aus dem Eheleben von Fridolin und Albertine dar.

Ehekrise

I. Abschnitt, S. 5–14

Nachdem die 6-jährige Tochter um **neun Uhr abends** nach der Lektüre einer Erzählung aus *Tausendundeiner Nacht* zu Bett gebracht worden ist, führen der 35-jährige Fridolin und Albertine ihre Unterhaltung über einen **Maskenball** weiter, den sie am Vorabend besuchten. Nachdem sich ihre Erwartungen, sich am Abend einzeln zu vergnügen, nicht erfüllt hatten, fanden sie dort wie zwei Liebende zueinander, setzten ihr Beisammensein zu Hause fort und verbrachten eine erfüllte Liebesnacht.

Nach der Erledigung der Alltagspflichten als Arzt bzw. Hausfrau und Mutter drängen sich nun am Abend die Erinnerungen an den vergangenen Ball wieder ins Bewusstsein, auf dem Fridolin mit zwei Dominos und Albertine mit einem melancholischen Unbekannten kurz Bekanntschaft gemacht haben. Davon ausgehend, kreist das Gespräch der Eheleute um unerfüllte Sehnsucht und **ausgelassene Möglichkeiten**. Albertine fasst sich zuerst ein Herz und gesteht, dass im letzten Urlaub in Dänemark ein Offizier ihr Interesse geweckt hat. Hätte der Offizier sie vor seiner plötzlichen Abreise angesprochen, wäre sie ihrem Mann untreu geworden. Daraufhin gesteht Fridolin eine Begegnung beim letzten morgendlichen Strandspaziergang mit einem jungen Mädchen bei den Badehütten, mit dem er einen vielsagenden Blickwechsel hatte. Die Ehepartner versprechen,

Dänemark

sich zukünftig über Erlebnisse vorbehaltlos auszusprechen. Albertine, der Fridolin manche voreheliche Bekanntschaft gebeichtet hat, erinnert sich an ihre sehnsüchtige Stimmung als 16-Jährige kurz vor ihrer Verlobung mit Fridolin, und neckt ihn, weil er nicht bemerkt, dass die Sehnsucht ihm galt und kein Anlass zur Eifersucht auf einen anderen Mann besteht.
Das zwischen Ernst, Vertrautheit und Neckerei wechselnde Gespräch der Eheleute wird beendet, als Fridolin an das Krankenbett eines Hofrats gerufen wird, der einen Herzanfall erlitten hat.

II. Abschnitt, S. 14–20

Marianne

Bei dem schon vor seinem Eintreffen verstorbenen Hofrat begegnet Fridolin dessen Tochter Marianne, die den Vater entbehrungsreich gepflegt hat. Er tröstet sie und erkundigt sich nach den sonstigen Angehörigen. Fridolin geht seinen Erinnerungen aus mehreren Jahren Behandlungszeit nach. Er kennt die verstorbene Mutter Mariannes und ihren Verlobten, den Universitätsdozenten Doktor Roediger, und wundert sich über das Verhältnis der beiden. Auch Marianne spricht von ihrer Familie, besonders ihrem verschwundenen Bruder. Beide hören einander kaum zu. Schließlich sinkt sie zu Fridolins Füßen und gesteht ihm, dass sie immer in seiner Nähe leben wolle. Er richtet sie auf und überdenkt die Situation: Er hält eine verliebte, vielleicht auch hysterische Frau am Totenbett des Vaters im Arm. Er drückt sie in bitteren Gedanken an seine Ehefrau und den Offizier in Dänemark an sich, obwohl er nicht die geringste Erregung verspürt.
Der Verlobte und Verwandte treffen ein. Fridolin kondoliert, füllt den Totenschein aus und verlässt die Trauergesellschaft.

III. Abschnitt, S. 20–27

Wegen der verwirrenden Eindrücke der letzten Tage und Stunden kehrt Fridolin noch nicht nach Hause zurück, obwohl es schon **Mitternacht** ist. Er will noch in ein Kaffeehaus gehen, hängt auf dem Weg dorthin seinen Gedanken nach und begegnet einer Gruppe **Verbindungsstudenten**. Eine Anrempelei - Grund für ein Duell - nimmt er hin und unterdrückt einen kurzen Zweifel an seinem Verhalten, indem er an drei Mensuren und ein gütlich beigelegtes Duell sowie an die Gefahren in seinem Beruf denkt. In der Erinnerung fließen der dänische Offizier und der Verbindungsstudent zusammen; die Trauergesellschaft, seine schlafende Ehefrau und sein Kind kommen ihm in den Sinn und nehmen einen gespenstischen Charakter an.

Mizzi

Er folgt einer 17-jährigen **Prostituierten**, die ihn in einer dunklen Gasse anspricht, auf ihr Zimmer. Ihren Annäherungen entzieht er sich und will ihr nur zuhören. Als sie ihm nicht zu Unrecht Angst vor Ansteckung mit einer Geschlechtskrankheit unterstellt, bemüht er sich um sie, doch nun entzieht sie sich ihm. Sie gehen auseinander, nachdem sie Fridolins Bezahlung zurückgewiesen und er ihr einen Handkuss gegeben hat. Er nimmt sich vor, ihr am nächsten Tag Wein und feines Essen zu bringen.

IV. Abschnitt, S. 27–58

Nachtigall

Nachdem er kreuz und quer durch die nächtlichen Straßen gelaufen ist, betritt er ein Kaffeehaus. Dort trifft Fridolin einen früheren Kommilitonen namens Nachtigall, der das Medizinstudium abgebrochen hatte und sich seitdem als **Pianist** durchschlägt. Er erzählt von seinem bevorstehenden Auftritt auf dem geheimnisvollen **Maskenball** einer geschlossenen Gesellschaft, zu dem er abgeholt wird und der um **zwei Uhr morgens** beginnen soll. Zweimal war er schon engagiert, er musste mit verbundenen Augen spielen, konnte aber nackte Frauen erspähen. Den Einlass könne man nur durch eine Parole erwirken, die er aber erst vom Kutscher erfahre. Das erregt Fridolins Neugier. Er will sich Maske und Kostüm besorgen und ihm folgen. Bei dem Kostümverleiher Gibiser besorgt er sich um **ein Uhr morgens** Mönchskutte, Pilgerhut und Maske. Er wird dort Zeuge, als Gibiser seine angeblich wahnsinnige Tochter, verkleidet als Pierrette, mit zwei Männern, verkleidet als Femerichter, erwischt. Gibiser droht den Männern mit der Polizei und schickt das Mädchen ins Bett, vor weiteren Maßnahmen händigt er Fridolin aber Kostüm und Larve aus.

Gibiser

In einem Fiaker folgt Fridolin der Kutsche Nachtigalls zu einem Haus, nachdem er die **Parole „Dänemark"** für den Einlass erfahren hat. Dort ist Fridolin fremd in Gesellschaft der als Nonnen und Mönche verkleideten Personen. Er wird von einer Nonne gewarnt, dass er sich entfernen soll, sonst ergehe es ihm schlecht, aber er bleibt aus Neugier, Stolz und Verlockung. Fridolin wird Zeuge eines lasziven Treibens: Die Frauen erscheinen nackt, nur noch mit Schleier und Larve maskiert. Die Männer, nun ohne Mönchskutte in Kavalierstracht, stürzen auf sie zu und tanzen mit ihnen. Fridolin, der überrascht und erregt in einer Ecke stehen geblieben ist, wird von einer Frau zum Tanz aufgefordert, als seine frühere Warnerin der anderen zuvorkommt. Er wird erneut von ihr gewarnt, doch was er sieht und hört, verwirrt ihm die Sinne, er bleibt und findet Gefallen an seiner **Warnerin**, mit der er sich in ein Zimmer zurückziehen und schlafen möchte. Nachdem sie ihm gesagt hat, dass es solche

Maskenball

Zimmer hier nicht gäbe und ihn erneut auffordert zu fliehen, schlägt er ihr vor, dass sie mit ihm kommen solle, doch sie schüttelt verzweifelt den Kopf: Sie dürfe mit niemandem weggehen. Als er ihren Schleier lüften will, warnt sie ihn: Vor ein paar Wochen hätte dies ein Mann bei einer anderen gewagt; er wäre demaskiert und ausgepeitscht worden, das Mädchen wäre an Gift gestorben. Plötzlich wird die Warnerin von einem Tänzer entführt. Fridolin sucht nach dem Sinn des unverständlichen, aber faszinierenden Treibens und nach einem ihn befriedigenden Abschluss. Nach einer zweiten Parole gefragt, die Fridolin nicht kennt, soll er die Maske ablegen, um sich seine

Warnerin opfert sich

Sühne sagen zu lassen, aber seine Warnerin erklärt sich bereit, ihn auszulösen, was Fridolin nicht zulassen will; aber er wird hinausgedrängt und gewarnt, nichts über diesen Maskenball verlauten zu lassen und nicht nachzuforschen. Fridolin wird mit der Kutsche weggebracht und rätselt über die Ereignisse – er ist fest entschlossen, sie bald aufzuklären – und die Strafe für die Frau; er glaubt an eine Massenvergewaltigung. Auf freiem Feld wird er um **drei Uhr morgens** ausgesetzt. Zu Fuß geht er zurück zur Stadt, während er versucht, den Begegnungen und Ereignissen der Nacht einen schicksalhaften Sinn abzugewinnen. Während das morgendliche Leben in der Stadt erwacht, denkt Fridolin an die ärztliche Tätigkeit, die ihn erwartet, und kehrt um **vier Uhr morgens** nach Hause zurück.

V. Abschnitt, S. 58–67

Im Schlafzimmer findet er Albertine schlecht träumend vor.

Albertines Traum

Erst sein dritter Anruf weckt sie; er behauptet, jetzt erst vom Totenbett des Hofrates gekommen zu sein. Nun will er, nach Aufforderung neben ihr liegend, ihren Traum hören. Er spielt am Wörthersee

vor ihrer Hochzeit. Sie sucht nach ihrem **Brautkleid**, das nicht da ist, als Fridolin am Fenster erscheint und mit ihr auf eine Bergwiese fliegt. Nachdem sie sich dort geliebt haben, sind plötzlich ihre Kleider verschwunden. Während er in der Stadt – von einer Menschenmenge verfolgt – alles besorgt, um sie zu kleiden und zu schmücken, trifft sie den **Dänen** wieder, empfindet höchstes Glück im Zusammensein mit ihm und vielen Paaren, die plötzlich auch auf der Wiese sind, während sie gleichzeitig beobachten kann, wie Fridolin gefangen genommen und zum Tode verurteilt wird. Eine Begnadigung durch die **Fürstin –** Bedingung dafür ist, dass er ihr Geliebter wird – lehnt er aus Treue zu seiner Braut ab. Deshalb lässt ihn die Fürstin, die dem dänischen Mädchen ähnelt, auspeitschen. Wieder lehnt er das Begnadigungsangebot der Fürstin – diesmalige Bedingung ist die Ehelichung der Fürstin – ab. Nun wird das Kreuz für seine Hinrichtung auf der Bergwiese aufgestellt. Mitleidlos erwartet ihn Albertine, sie findet sein Verhalten nur töricht, sie will ihm ins Gesicht lachen, um ihn zu verhöhnen. Als Fridolin zu seiner **Kreuzigung** auf der Wiese erscheint, fliegen beide aufeinander zu und verfehlen sich. Ihr Lachen, mit dem sie erwacht, soll er hören, während er gekreuzigt wird.
Fridolin beschließt, seine nächtlichen Erlebnisse erst zum Abschluss zu führen und dann Albertine zu erzählen, um sich so an ihr zu rächen. Er ist sich unsicher über seine Gefühle für sie.

VI. Abschnitt, S. 67–95

Am Morgen wird Fridolin um **sieben Uhr** geweckt. Nach einem Krankenbesuch sucht Fridolin Nachtigall, erfährt, dass dieser um fünf Uhr morgens in Begleitung zweier Herren in seinem Gasthof erschienen ist, gepackt hat und anschließend von beiden zum Bahnhof gebracht wurde.

Fridolin bringt das Kostüm zum Verleiher **Gibiser** zurück, bei dem er sich vergeblich für dessen Tochter einsetzt. Als er jedoch einen der jungen Männer, die als Richter verkleidet waren, aus dem Zimmer der Tochter kommen sieht, begreift er, dass Gibiser nicht die Polizei gerufen, sondern seine Tochter prostituiert hat.

Bevor Fridolin für den verhinderten Chefarzt Visite macht, ruft er ohne besondere Veranlassung zu Hause an und erfährt, dass alles seinen gewohnten Gang geht. Dabei empfindet er eine Mischung aus Wohlempfinden und Desinteresse an seiner Ehefrau. Nach der Erledigung einiger Dienstpflichten überträgt er einem Kollegen seine ärztlichen Aufgaben für den Rest des Tages, um Zeit für die Aufklärung der Ereignisse der vergangenen Nacht zu haben.

Nachforschungen

In der Kutsche, auf der Suche nach dem Haus, in dem der Ball stattfand, überlegt Fridolin, wie er weiter vorgehen soll, um die nächtlichen Ereignisse aufzuklären. Er verwirft den Gedanken, einen Privatdetektiv zu beauftragen, überlegt, ob es sich bei den Teilnehmern um eine geheime Gesellschaft mit Adligen und Hofangehörigen handelte, fragt sich, welche Art von Frauen dort waren, besonders die eine, die ihn warnte und sich für ihn einsetzte, und hält die Ereignisse für eine Komödie. Fridolin findet das Haus, das der Schauplatz des Geschehens war, und erhält von einem Diener brieflich und namentlich an ihn gerichtet eine **zweite Warnung**, er solle seine Nachforschungen unterlassen. Er betrachtet den Brief als Beruhigung – zweite, keine letzte Warnung – und Herausforderung.

Nach dem Mittagessen, das Fridolin zu Hause einnimmt, der Behandlung von Privatpatienten, Arbeit in der Klinik und einem Hausbesuch steht er um **sieben Uhr abends** vor Mariannes Haus und malt sich ein **Doppelleben** als Familienvater und zynischer Wüstling aus, um durch die spätere Eröffnung dieses Doppellebens seiner Ehefrau heimzuzahlen, was sie ihm in ihrem Traum angetan hatte. Er trifft Marianne und erkundigt sich nach ihrem Befinden; sie aber ist wie versteinert. Auf dem Weg nach Hause – nun ist es halb acht Uhr abends – erscheint ihm sein Dasein unwirklich, und die Idee, in der Fremde ein neues Leben zu beginnen, kommt ihm zeitweilig in den Sinn. Als er der **Prostituierten**, die er letzte Nacht besuchte, wie geplant, etwas Essbares bringt, erfährt er, dass sie im Krankenhaus ist.

Fridolin will mit seiner Gefühlsverwirrung noch nicht seiner Ehefrau gegenübertreten und geht zum Abendessen in ein Café. Dort fühlt er sich von einem Mann, der ihm bekannt vorkommt, beobachtet, und liest in der Abendzeitung, dass eine hübsche junge Dame gegen Mittag bewusstlos und mit den Anzeichen einer schweren **Vergiftung** in einem vornehmen Hotel aufgefunden wurde, nachdem sie um vier Uhr morgens von zwei Herren bis zum Hotel begleitet worden war. Er überlegt sich, ob es sich dabei um die Frau handeln könne, die ihn letzte Nacht auslöste. Er stellt in Hotels und anschließend in der Klinik Nachforschungen an und erfährt, dass die Frau, die unter falschem Namen im Hotel abgestiegen war, um **fünf Uhr nachmittags** gestorben ist. Er beschließt, sich die Leiche anzusehen, obwohl er sich nicht sicher ist, ob er sie als die Warnerin identifizieren kann, da er nur ihren Körper kennt, nicht aber ihr Gesicht. In seiner Vorstellung verschwimmt es seit dem Lesen der Zeitung mit den Zügen Albertines. Um **Mitternacht** trifft er im pathologischen Institut ein; sein Kollege Doktor Adler hat Dienst und lässt ihn in die Totenkammer. Nur eine der Leichen kommt in Frage. Er betrachtet sie genau, wobei er gedankenverloren ihre Finger ergreift, bis er durch den Kollegen wieder zur Besinnung kommt. Er bejaht die Frage, ob es sich um die Gesuchte handle, in dem Wissen, dass auch das Gegenteil wahr sein könne. Wichtig ist für Fridolin im Augenblick nur, dass der Leiche die Verwesung gewiss ist.

VII. Abschnitt, S. 95–97

Erzählung der Erlebnisse

Um **vier Uhr morgens** zu Hause angelangt, weckt der Anblick der schlafenden Albertine in Fridolin das Gefühl von Geborgenheit und Zärtlichkeit. Er beabsichtigt, ihr die Erlebnisse der vergangenen Nacht als Traum mit dem anschließenden Geständnis der Wirklichkeit darzustellen, als er auf seinem Kissen seine **Maske** entdeckt, die er beim Zusammenpacken des Kostüms wohl übersehen hatte und die ihm Albertine absichtlich auf das Kopfkissen legte. Angesichts der Last der Erlebnisse der Nacht und Albertines zeichenhaften Hinweises auf ihr Ahnen und ihre Bereitschaft zu verzeihen bricht Fridolin in Tränen aus, und er erzählt seiner erwachten Frau vorbehaltlos, was geschehen ist. Nach langem Schweigen zeigen sich beide dankbar, dass es das Schicksal in Traum und Wirklichkeit letztendlich gut mit ihnen gemeint hat; sie sind sich bewusst, dass die Träume und Abenteuer, aus denen sie nunmehr erwacht sind, vieles, aber nicht alles, nicht die innerste Wahrheit bedeuten, ohne dass die Zukunft gewiss ist.

Nun bleiben sie einander innerlich verbunden still liegen, bis es um **sieben Uhr morgens** wie gewohnt an die Tür klopft und der neue Tag mit Straßengeräusch, Lichteinfall und dem **Kinderlachen** ihrer Tochter nebenan anbricht.

2.3 Aufbau

Schnitzlers *Traumnovelle* stellt in sieben Abschnitten die krisenhafte Gefährdung einer Ehe dar. Die erzählte Zeit umfasst dabei 34 Stunden.

Die Eheleute Fridolin und Albertine leben wirtschaftlich und emotional in einer scheinbar gesicherten Situation, die jedoch durch nicht realisierte Wünsche und Sehnsüchte gefährdet wird. Es geht um „die Entfremdung eines sich in scheinbar gesicherter Liebe und Treue ergebenen Ehepaares durch die Ahnung dunkler, unrealisierter Möglichkeiten."[15] In der Grob- und Feinstruktur der Erzählung sind die Abschnitte auf vielfältige Weise aufeinander bezogen.

Erster Abschnitt

In der eingangs dargestellten **Familienidylle** – das Kind liest den Eltern, bevor es zu Bett muss, ein Märchen vor – ist die Bedrohung schon latent gegenwärtig: durch die **märchenhafte Erzählung** und ihre Motive, die später wieder aufgegriffen werden, und die zeitliche Situierung an der Schwelle von Tag und Nacht, Wachsein und Träumen. Der Besuch einer Redoute hat bei ihnen Verwunderung ausgelöst und sie trotz langer und als glücklich empfundener Ehe in eine „Komödie der Galanterie, des Widerstandes, der Verführung und des Gewährens" (S. 6) versetzt. Im Gespräch geben die Eheleute einander zu erkennen, dass ihnen trotz ihres Eheglücks Spott und Zweifel eigen sind und dass die „Schattengestalten" auf dem Ball die Erinnerung an nicht zu Ende geführte Erlebnisse, die beide vor der Hochzeit in den Ferien in **Dänemark** hatten, wachgerufen haben. Am

Letzter Abschnitt

Ende der Erzählung ist die Krise – zumindest für die nähere Zukunft – ge-

15 Schrimpf, Hans-Joachim: *Arthur Schnitzlers ‚Traumnovelle'*, Zeitschrift für deutsche Philologie, Bd. 82, Nr. 2, S. 172–192, 1963, S. 177.

löst. Zwar hat ihnen das Schicksal Gefährdungen geschickt, aber am Ende stehen größeres Verständnis füreinander, Verzeihung und Kinderlachen, das den neuen Tag eröffnet.
Der erste und der letzte Abschnitt sind wie Frage und Antwort, Problem und Lösung aufeinander bezogen und geben der Erzählung einen **kreisförmigen Handlungsverlauf**.

Abschnitte zwei bis vier

Die Abschnitte zwei bis vier stellen Fridolins nächtliche Erlebnisse dar, die einen zunehmend surrealen Charakter annehmen und ihn immer mehr in die unbekannten Bereiche seines Seelenlebens führen. Fridolin begegnet darin Personen am Rande der Gesellschaft, und die Bedeutung der Begegnungen verliert in dem Maße an Konkretheit, wie die erotische Triebhaftigkeit und die bedrohliche Todesatmosphäre zunehmen.
Im zweiten Abschnitt kommt Fridolin zu einem gerade verstorbenen Patienten und dessen trauernder Tochter, von der er weiß, „dass sie in ihn verliebt war oder sich einbildete, es zu sein" (S. 19). Fridolins Interesse an **Marianne** geht über seine ärztliche Pflicht hinaus, als er mit ihr die Lebenssituation erörtert. Gleichwohl empfindet er sein Verhalten, nachdem sie sich ihm zu Füßen geworfen hat, als unangemessen intim. Plötzlich muss er an seine Ehefrau und den jungen Offizier in Dänemark denken. – Tod und Eros sind in bürgerlicher Enge beieinander und tragen hysterische und romanhafte Züge.
Im dritten Abschnitt geht Fridolins mit einer **Prostituierten** auf ihr Zimmer mit. Aus Angst vor Ansteckung weist er ihre Annäherung zurück.
Der vierte Abschnitt stellt Fridolins Besuch einer rätselhaften **Geheimgesellschaft** dar. Dorthin gelangt er durch einen verkrachten Studienkollegen namens **Nachtigall**, der sich jetzt als Pianist durchschlägt und dort noch einen nächtlichen Auftritt

hat. Fridolin besorgt sich bei dem Kostümverleiher Gibiser Maske und Kostüm. Er lernt dort eine junge **Pierrette** kennen, die von ihrem Vater als Prostituierte verkuppelt wird. Fridolin ist von ihrem kindlichen Reiz angetan und will ihr helfen.
Von Nachtigall hat er die Parole „Dänemark" erfahren und Zutritt zur Geheimgesellschaft erlangt. Er wird eingelassen, gewarnt (S. 42), aber Neugier, Lockung, Stolz sind stärker (S. 44). Der Ball verursacht Lust und Verlangen, die nicht gestillt werden. Ähnlich wie schon bei der Prostituierten zuvor verhält sich Fridolin in dieser frivolen, lasziven Umgebung als Verehrer mit korrekten Manieren. Für seine **Warnerin** ist er bereit, sein Leben zu geben, um mit ihr zusammen zu bleiben. Die Situation wird ihm immer fremder und er sich selber auch. Als er eine zweite Parole nicht weiß, wird die Situation für ihn bedrohlich. Zwar will ihn eine opferwillige Nackte auslösen, aber er muss den Schauplatz verlassen. Bis hierhin steigern sich die Erlebnisse, werden immer irrealer, gespenstischer. Zu keinem Zeitpunkt kann er zurück. Verlockung, Neugier und Stolz sind stärker.
Die Abschnitte zwei bis vier sowie der sechste Abschnitt, der Fridolins ernüchternde Nachforschungen am nächsten Tag darstellt, rahmen Albertines Traum ein, der mit Fridolins nächtlichen Erlebnissen korrespondiert.

Fünfter Abschnitt

Im **Traum** des fünften Abschnitts findet Albertine nicht Erfüllung bei ihrem Ehemann, sondern bei dem unbekannten Dänen. Der Ehemann besorgt in der fernen Stadt Kleidung und Schmuck. Sie vergnügt sich in Orgien und an den Qualen ihres gefolterten Ehemanns. Ihrem freien Liebesgenuss entspricht in Umkehrung Fridolins unerfüllte Triebhaftigkeit in der Geheimgesellschaft, mit der Fürstin des Traums, die dem dänischen Mädchen entspricht und die ihm die Todesstrafe ersparen will, korrespondiert Fridolins unbekannte Warnerin. Albertine ist ebenso wie Fridolin auf das Erzählen des Erlebten und auf Erlösung und Verzeihung angewiesen, die im Traum nicht möglich sind: Sie fliegen beide aneinander vorbei.

Sechster Abschnitt

Im sechsten Abschnitt geht Fridolin am folgenden Tag seinen Erlebnissen der Nacht nach und wird zunehmend ernüchtert. Er forscht nach Nachtigalls Verbleib und bringt Gibiser das Kostüm zurück, bei dem er sich vergeblich und in falscher Einschätzung der Situation für dessen Tochter einsetzt. Die Realität (er will sich von seiner Frau trennen) schwindet ebenso wie die Abgründigkeit der letzten Nacht, die er nun für eine Komödie (S. 73) hält. Als er den Schauplatz der letzten Nacht findet, wird er von einem Diener abgewiesen, so wie schon vorher von Gibiser. Er wird brieflich aufgefordert, seine Nachforschungen zu unterlassen. Fridolin glaubt sich nach Albertines Traum berechtigt, **Rache** zu üben (S. 77). Er möchte gern ein **Doppelleben** (S. 78) führen und denkt an bisher nicht wahrgenommenen Möglichkeiten (Marianne), so wie sich das in Bezug auf Albertine auch aus deren Traum und schon aus dem Gespräch der Ehepartner im ersten Abschnitt der Erzählung ergibt.

Er führt noch ein Arztgespräch mit Mariannes Verlobtem und ihr; sie verhält sich plötzlich abweisend (S. 80). Die Wirklichkeit löst sich für Fridolin auf (S. 80).

Die **Prostituierte** der letzten Nacht trifft er nicht mehr an; sie liegt ihm Krankenhaus, durch ihr Verhalten blieb Fridolin die Gesundheit erhalten. Er wird immer wieder abgewiesen, kann nichts ausrichten, findet keine Erfüllung, aber gerade damit meint es das Schicksal gut mit ihm. Er forscht in Hotel und Krankenhaus nach der Frau der letzten Nacht, die sich für ihn eingesetzt hat, und sucht nach ihr im Pathologischen Institut, wo sein Kollege **Dr. Adler** arbeitet. Fridolin kann nicht sagen, ob es sich bei der Leiche um die Frau der letzten Nacht handelt. Als Arzt ist ihm klar, dass die Leiche zur Verwesung bestimmt ist; seine Nachforschung ist damit ergebnislos abgeschlossen, er kann zu Frau und Kind zurück.

Siebter Abschnitt

Im siebten und letzten Abschnitt will Fridolin seiner Ehefrau seine Erlebnisse erzählen, als wären sie ein Traum gewesen, und erst später ihren Realitätscharakter bekennen (S. 95), aber Albertine zeigt ihm, indem sie ihm die **Maske** auf das Kissen gelegt hat, dass sie etwas ahnt und bereit ist, ihm zu verzeihen, und so erzählt er ihr alles rückhaltlos. Fridolins nächtliche Erlebnisse und Albertines Traum haben die Eheleute für das wechselseitige **Verstehen und Verzeihen** reifen lassen.

Der Überblick über den Handlungsverlauf hat die **Symmetrie** der Abschnitte eins (Frage, Problem) und sieben (Antwort, Lösung) sowie der Abschnitte zwei bis vier und sechs (Fridolins Erlebnisse) und fünf (Albertines Traum) erkennen lassen. Ferner werden die zentrale Stellung von Albertines Traum, der von Fridolins Annäherung an den seelischen Abgrund und seiner ernüchterten Rückkehr in die Realität eingerahmt wird, und die **kreisförmige Struktur** der Erzählung mit der Entsprechung des ersten und letzten Abschnitts deutlich.

Novelle

Schnitzler hat die *Traumnovelle* lange Zeit unter dem Arbeitstitel „Doppelnovelle" geführt. Der Begriff Novelle ist dabei kaum vor dem Hintergrund der Poetik des 19. Jahrhunderts zu sehen. Eher ist dabei an die Auffassung von der Novelle als Erzählung mittlerer Länge und vom novellistischen Erzählen zu denken, für das eine **pointenhafte Zuspitzung** charakteristisch ist. Die wechselseitige Verweisung der Erzählschritte und insbesondere die Entsprechung von Fridolins Erlebnissen und Albertines Traum passen zu den beiden Titeln der Novelle.

2.4 Personenkonstellation und Charakteristiken

Die Eheleute Fridolin und Albertine und ihre Ehe stehen in Schnitzlers „Doppelnovelle" auf dem Prüfstand. Ein Familienname wird im Text nicht genannt. Daher ist die Darstellung zugleich individuell und allgemeingültig. Ihre Träume und traumähnlichen nächtlichen Erlebnisse enthüllen die Erwartungen und nicht eingelösten Möglichkeiten, die Krise ihrer Ehe und ihre Lösung.

Fridolin

Der 35-jährige Fridolin (S. 23) ist das **Familienoberhaupt**.

Status und Erfolg

Nach seinem Medizinstudium arbeitet er als Arzt mit eigener Praxis und in der Klinik. Mit Ehe, Haus und Praxis hat er es zu etwas gebracht, worauf er stolz ist. Er genießt sein Ansehen als Familienvater und Arzt. Der Anblick eines Obdachlosen führt ihm sein eigenes **bürgerliches Glück** besonders deutlich vor Augen. Er freut sich, „dass er noch mitten in seiner Jugend stand, eine reizende und liebenswerte Frau zu eigen hatte und auch noch eine oder mehrere dazu haben konnte, wenn es ihm gerade beliebte. Zu dergleichen hätte freilich mehr Muße gehört, als ihm vergönnt war" (S. 21). Dazu mangelt es ihm an Gelegenheit, weil er ganz in seinem Beruf aufgeht.
Gegenüber seinem früheren Kommilitonen Nachtigall beschreibt sich Fridolin: „Dann äußerte er sich ganz im allgemeinen über seine ärztliche Tätigkeit an der Poliklinik und seine Privatpraxis und erwähnte, dass er verheiratet, glücklich verheiratet und Vater eines sechsjährigen Mädchens sei" (S. 32).
Dennoch empfindet er **Neid** gegenüber Menschen mit besseren beruflichen Aussichten wie Mariannes Verlobten Dr. Roediger.

„‚Ihr Bräutigam wird wohl bald eine Professur erhalten; an der philosophischen Fakultät liegen ja die Verhältnisse in dieser Beziehung günstiger als bei uns.' – Er dachte daran, dass er vor Jahren auch eine akademische Laufbahn angestrebt, dass er aber bei seiner Neigung zu einer behaglicheren Existenz sich am Ende für die praktische Ausübung seines Berufes entschieden hatte; – und plötzlich kam er sich dem vortrefflichen Doktor Roediger gegenüber als der Geringere vor." (S. 17)

Fridolin träumt bisweilen weiter von einer wissenschaftlichen Laufbahn.

„Ich werde nie für die Leitung einer Abteilung in Betracht kommen, schon weil mir die Dozentur fehlt. Zu spät. Warum eigentlich? Man müsste eben wieder wissenschaftlich zu arbeiten anfangen oder manches Begonnene mit größerem Ernst wieder aufnehmen. Die Privatpraxis ließ immer noch Zeit genug." (S. 72)

Bürgerliche Werte

Fridolin ist immer auf bürgerliche Werte (**Anstand, Reputation, Respekt**) als Arzt, Ehemann, Vater, Bürger bedacht. Fridolin verhält sich nach **Angemessenheit**. So will er Marianne zum Ruf ihres Verlobten auf einen Lehrstuhl gratulieren, unterlässt es aber (S. 18), weil es im Anblick des toten Vaters unangemessen ist. Als sie ihm zu Füßen sinkt, fordert er sie auf, sich zu erheben (S. 19).

Der **Arztberuf** bestimmt weitgehend sein Handeln und Denken. Wegen der Erlebnisse während seines Studiums und in seinem Beruf hält er sich für mutig:

„Feig –? Unsinn, erwiderte er sich selbst. Soll ich mich mit einem betrunkenen Studenten herstellen, ich, ein Mann von fünfunddreißig Jahren, praktischer Arzt, verheiratet, Vater eines

Kindes! – Kontrahage! Zeugen! Duell! Und am Ende wegen einer solchen dummen Rempelei einen Hieb in den Arm? Und für ein paar Wochen berufsunfähig? – Oder ein Auge heraus? – Oder gar Blutvergiftung –? […] Feig –? Drei Säbelmensuren hatte er ausgefochten, und auch zu einem Pistolenduell war er einmal bereit gewesen, und nicht auf s e i n e Veranlassung war die Sache damals gütlich beigelegt worden. Und sein Beruf! Gefahren von allen Seiten und in jedem Augenblick, – man vergaß nur immer wieder dran. Wie lange war es her, dass das diphtheritiskranke Kind ihm ins Gesicht gehustet hatte? Drei oder vier Tage, nicht mehr. Das war immerhin eine bedenklichere Sache als so eine kleine Säbelfechterei." (S. 23)

Die erlebte Rede verrät seine **Unruhe, Unsicherheit und innere Leere**. Fridolin ist darauf bedacht, in jeder Situation **Haltung** zu bewahren und sich formvollendet zu betragen. Er will mutig, mehr noch: heroisch erscheinen, Genugtuung geben, Einsatz zeigen auch bei unpassenden Gelegenheiten; dabei ist er im Kern seines Wesens feige. Seine Angst, sich als Arzt anzustecken, definiert er zu heldenhaftem Mut um. Er hat **Angst**, sich lächerlich zu machen, und zerfließt in **Selbstmitleid**.
Das Bemühen um Haltung und Angemessenheit legt er selbst dann an den Tag, als sich die reale Welt für ihn auflöst (S. 80) und er gern ein anderer wäre. Fridolin erweckt durch Verhalten und Ausstattung mit Arzttasche den **Eindruck einer offiziellen Person**. Man hält ihn für eine „Amtsperson" (S. 69), einen „Untersuchungsrichter" (S. 69), „vielleicht für einen Herrn von der Polizei" (S. 86). Sein **pedantisches Verhalten** unterstützt diesen Eindruck, desgleichen seine Vorliebe für **Ordnung, Planung und Termine** und sein **Nachforschungsinteresse**. Der Portier des Gasthofes, in dem Nachtigall sich aufgehalten hat, unterstützt Fridolin bei seinen Nachforschungen („warum sollte man einem so vertrauenerweckenden Herrn nicht die

ganze Wahrheit sagen", S. 68 f.). Aber Nachtigall ist bereits abgereist. Auch die Prostituierte der letzten Nacht, der er eine Aufmerksamkeit vorbeibringen will, trifft er nicht mehr an; sie liegt ihm Krankenhaus, durch ihr Verhalten blieb Fridolin die Gesundheit erhalten. Er wird immer wieder abgewiesen, kann nichts ausrichten, findet keine Erfüllung, aber gerade damit meint es das Schicksal gut mit ihm.
Fridolin glaubt sich nach Albertines Traum berechtigt, **Rache** zu üben (S. 77). Er möchte gern ein **Doppelleben** (S. 78) führen. Er schwankt in der **Einschätzung der Frauen**, mit denen er zu tun hat. Er behandelt sie als anständige Frau oder Hure (S. 72, 76). Deshalb will er Aufklärung über die Frau, die sich für ihn opferte. Als „Amtsperson" (S. 86) bzw. Arzt forscht er in Hotel und Krankenhaus nach der Frau der letzten Nacht, die sich für ihn eingesetzt hat, und sucht nach ihr im Pathologischen Institut, wo sein Kollege Dr. Adler arbeitet. Er kann nicht sagen, ob es sich bei einer Leiche um die Frau der letzten Nacht handelt. Als Arzt ist ihm klar, dass die Leiche zur Verwesung bestimmt ist; Tote nimmt er als Sachen wahr. Seine Nachforschung ist damit ergebnislos abgeschlossen, er kann zu Frau und Kind zurückkehren.

Albertine

Bürgerliche Ehe

Als **Ehefrau und Mutter** einer Tochter steht Albertine an Fridolins Seite. Bei der Führung des Haushalts hilft ihr eine Hausangestellte. Die Familie lebt in einem eignen Haus, in dem Fridolin auch seine Privatpraxis hat. Ein Telefon erleichtert die dienstlichen und privaten Angelegenheiten. Die Eheleute führen eine traditionelle bürgerliche Ehe, bei der der Ehemann im öffentlichen Leben steht und für den Unterhalt der Familie sorgt und die Ehefrau sich um Haus und Familie kümmert.

Ihre Aufgabe in Ehe und Familie erfüllt Albertine mit **Klugheit und Umsicht**. Sie beteiligt ihren Ehemann an der Erziehung der Tochter und weiß seine Äußerungen zu gewichten. Als er die Absicht äußert, sich durch wissenschafttliche Arbeit beruflich weiterzuqualifizieren, lässt sie das unkommentiert stehen.

Ihr **verständnisvoller Umgang** mit ihrem Ehemann ist auch in der Ehekrise hilfreich. Sie spürt, dass die Grundlage brüchig ist, und drängt auf rückhaltlose Offenheit. „Wir wollen einander solche Dinge künftighin immer gleich erzählen" (S. 11). Damit sind ihr Interesse an einem jungen Mann und seine Begegnung mit einer jungen Badenden im Urlaub in Dänemark gemeint. Die geforderte **Offenheit** probiert sie sogleich aus, indem sie ihn mit einer Liebesgeschichte aus ihrer Verlobungszeit neckt, bei der sich am Ende herausstellt, dass kein fremder Mann, sondern Fridolin gemeint war. Danach machen beide Eheleute ihre eigenen Erfahrungen, Fridolin in immer surrealer werdenden nächtlichen Erlebnissen und Albertine im Traum. Die individuellen Erfahrungen belasten die Ehe, aber „Albertines Traum zerstört nicht die Beziehung: er zeigt nur, wie es um sie steht"[16]. Sie ist **menschlich stärker und verständnisvoller** als Fridolin. Sie ahnt und versteht, was in ihm vorgeht; sie ist in der Lage, Erlebnisse und Traum in die rechte begrenzte Sicht zu rücken. „So gewiss, als ich ahne, dass die Wirklichkeit einer Nacht, ja dass nicht einmal die eines ganzen Menschenlebens zugleich auch seine innerste Wahrheit bedeutet" (S. 97). Indem sie Fridolin die Maske auf das Kopfkissen legt, gibt sie zu erkennen, dass sie ihn verstanden hat und bereit ist, ihm zu verzeihen.

16 Scheible, Hartmut: *Liebe und Liberalismus. Über Arthur Schnitzler,* Aisthesis Verlag, Bielefeld, 1996, S. 184.

Konstellation von Fridolin und Albertine

Schnitzlers *Traumnovelle* beginnt mit einer idyllischen Familienszene. Die Hände der Eltern treffen sich „auf der geliebten Stirn, und mit zärtlichem Lächeln, das nun nicht mehr dem Kinde allein galt, begegneten sich ihre Blicke" (S. 5). Die **Verschränkung der Hände** bezeichnet die eheliche Nähe der Eltern.

Das Kind liest vor dem Einschlafen aus einem *Märchen aus Tausendundeiner Nacht* vor. Seine Motive, Atmosphäre und Erzählsituation deuten auf Kommendes voraus. Das **Ballerlebnis** vor Ende des **Karnevals** stößt die Erinnerung an. Sünde, Beichte und Vergebung vor dem Beginn der Fastenzeit erlauben das Überschreiten der gesetzten Grenzen. Der Austausch der Erlebnisse der Ballnacht ruft die Erinnerung an verpasste und nicht zu Ende geführte Möglichkeiten und Wünsche hervor.

> *„Doch aus dem leichten Geplauder über die nichtigen Abenteuer der verflossenen Nacht gerieten sie in ein ernsteres Gespräch über jene verborgenen, kaum geahnten Wünsche, die auch in die klarste und reinste Seele trübe und gefährliche Wirbel zu reißen vermögen, und sie redeten von den geheimen Bezirken, nach denen sie kaum Sehnsucht verspürten und wohin der unfassbare Wind des Schicksals sie doch einmal, und wär's auch nur im Traum, verschlagen könnte."* (S. 7)

In der gesicherten Ehe von Fridolin und Albertine werden nicht nur der Wunsch nach „Abenteuer, Freiheit und Gefahr" (S. 7), sondern auch **Neugier, Spannung und Misstrauen** wirksam.

Albertines Erlebnis

Albertine ist „die Ungeduldigere, die Ehrlichere oder die Gütigere von den beiden" (S. 7 f.) und berichtet zuerst über den jungen Mann, den sie im Urlaub in Dänemark sah. „Wenn er mich riefe – so meinte ich zu wissen –, ich hätte nicht widerstehen können. Zu allem glaubte ich mich bereit; dich, das Kind, meine Zukunft hinzugeben, glaubte ich mich so gut wie entschlossen, und zugleich – wirst du es verstehen? – warst du mir teurer als je" (S. 8). Der Anblick ist eine Verlockung, die nur im Konjunktiv als Möglichkeit aufscheint, die zugleich zurückgenommen wird. Unsicherheit und Zweifel über die Auswirkung sind der Preis dafür. Die Liebe zum Ehemann ist durch „schmerzliches Mitleid" (S. 8) eingetrübt.

Albertine weiß, dass Fridolin etwas Ähnliches erlebt hat. In der Begegnung mit einem fünfzehnjährigen Mädchen am Badestrand hat er den Reiz zwischen kindlich-unschuldiger Anmut und schöner Anziehungskraft erfahren:

Fridolins Erlebnis

> *„Dann reckte sie den jungen schlanken Körper hoch, wie ihrer Schönheit froh, und, wie leicht zu merken war, durch den Glanz meines Blicks, den sie auf sich fühlte, stolz und süß erregt. So standen wir uns gegenüber, vielleicht zehn Sekunden lang, mit halboffenen Lippen und flimmernden Augen. Unwillkürlich breitete ich meine Arme nach ihr aus, Hingebung und Freude war in ihrem Blick. Mit einemmal aber schüttelte sie heftig den Kopf, löste einen Arm von der Wand, deutete gebieterisch, ich solle mich entfernen; und als ich es nicht gleich über mich brachte zu gehorchen, kam ein solches Bitten, ein solches Flehen in ihre Kinderaugen, dass mir nichts anderes übrigblieb, als mich abzuwenden."* (S. 10)

Die Begegnung Fridolins mit dem jungen Mädchen gräbt sich als nicht realisierte Möglichkeit ebenso tief in die Erinnerung ein wie Albertines Anblick des jungen Mannes. „Auch ich weiß nicht, was unter anderen Umständen geworden wäre" (S. 11). Während Fridolin keine weiteren Fragen zulassen will, spricht

sich Albertine für **Offenheit** aus. „Wir wollen einander solche Dinge künftighin immer gleich erzählen" (S. 11), wozu Fridolin durch Nicken zustimmt.
Fridolin gesteht überraschend: „in jedem Wesen, das ich zu lieben meinte, habe ich immer nur dich gesucht" (S. 12). Die unausgelebten Wünsche und Sehnsüchte zielen immer zugleich auch auf Albertine. Das ermöglicht **Verzeihen** und Wiederherstellung der ehelichen Gemeinschaft.
Schnitzler legt im ersten Abschnitt mit dem Märchen und der Erinnerung an vergangene nicht realisierte Wünsche und Sehnsüchte die Grundlage für die Darstellung komplexer seelischer Vorgänge. Wunsch und Versagung, Trieb und Verzicht, Untreue und Liebe, Aggression und Zuneigung wirken in den beiden Hauptpersonen zugleich miteinander und gegeneinander, so dass sie zeitweilig sowohl Ferne als auch Nähe schaffen.
Albertines neckende Erzählung und die Reaktionen der Ehepartner deckt auf, dass jeder anders fühlt, denkt, spricht und sich verhält, als es der Partner erwartet.

> *„[...] ‚Und doch [...] lag es nicht an mir, dass ich noch jungfräulich deine Gattin wurde.' [...] ‚Es war am Wörthersee, ganz kurz vor unserer Verlobung, Fridolin, da stand an einem schönen Sommerabend ein sehr hübscher junger Mensch an meinem Fenster [...], das auf die große, weite Wiese hinaussah, wir plauderten miteinander, und ich dachte im Laufe dieser Unterhaltung, ja höre nur, was ich dachte: Was ist das doch für ein lieber, entzückender, junger Mensch – er müsste jetzt nur ein Wort sprechen, freilich, das richtige müsste es sein, [...] und er könnte von mir in dieser Nacht alles haben, was er nur verlangte. Ja, das dachte ich mir. – Aber er sprach das Wort nicht aus, der entzückende junge Mensch; er küsste nur zart meine Hand, – und am Morgen darauf fragte er mich – ob ich seine Frau werden wollte. Und ich sagte ja.'*

Fridolin ließ unmutig ihre Hand los. ‚Und wenn an jenem Abend', sagte er dann, ‚zufällig ein anderer an deinem Fenster gestanden hätte und ihm wäre das richtige Wort eingefallen, zum Beispiel – –', er dachte nach, welchen Namen er nennen sollte, da streckte sie schon wie abwehrend die Arme vor.
‚Ein anderer, wer immer es gewesen wäre, er hätte sagen können, was er wollte – es hätte ihm wenig geholfen. Und wärst nicht du es gewesen, der vor dem Fenster stand', – sie lächelte zu ihm auf –, ‚dann wäre wohl auch der Sommerabend nicht so schön gewesen.'
Er verzog spöttisch den Mund. „So sagst du in diesem Augenblick, so glaubst du vielleicht in diesem Augenblick.' [...]" (S. 12 f.)

Die Grundlage der Ehe ist von Anfang an brüchig; Spott und Misstrauen lauern.
Fridolin tritt seine **Reise durch die Nacht** an. Von Anfang an entfernt er sich von sich selber und seinem bürgerlichen Umfeld, seiner Ehe und seiner Familie und durchlebt Begegnungen, die ihn immer mehr der Realität entrücken und ihn in seine seelischen Abgründe blicken lassen. „Wie heimatlos, wie hinausgestoßen erschien er sich seit der widerwärtigen Begegnung mit den Alemannen ... Oder seit Mariannens Geständnis? – Nein, länger schon – seit dem Abendgespräch mit Albertine rückte er immer weiter fort aus dem gewohnten Bezirk seines Daseins in irgendeine andere, ferne, fremde Welt." (S. 27)
Als Fridolin nach seiner durchlebten Nacht nach Hause kommt, weckt er Albertine aus ihrem **Traum**. Beide Ehepartner sind sich fremd.

„Albertine lag ruhig, die Arme im Nacken verschlungen, ihre Lippen waren halb geöffnet, schmerzliche Schatten zogen rings

um sie; es war ein Antlitz, das Fridolin nicht kannte. Er beugte sich über ihre Stirne, die sich sofort, wie unter einer Berührung, in Falten legte, ihre Mienen verzerrten sich sonderbar; und plötzlich, immer noch im Schlafe, lachte sie so schrill auf, dass Fridolin erschrak. Unwillkürlich rief er sie beim Namen. Sie lachte von Neuem, wie zur Antwort, in einer völlig fremden, fast unheimlichen Weise. Nochmals und lauter rief Fridolin sie an. Nun öffnete sie die Augen, langsam, mühselig, groß, blickte ihn starr an, als erkenne sie ihn nicht." (S. 58)

Das Bild des **Schwertes zwischen ihnen** steht für ihr Verhältnis. „Ein Schwert zwischen uns, dachte er in der Erinnerung an eine halb scherzhafte Bemerkung gleicher Art, die einmal bei ähnlicher Gelegenheit von seiner Seite gefallen war. Sie schwiegen beide, lagen mit offenen Augen, fühlten gegenseitig ihre Nähe, ihre Ferne" (S. 60).
Erst nachdem alle Nachforschungen Fridolins mit negativem Befund abgeschlossen sind, kann es zur Lösung des Eheproblems kommen. Beide Ehepartner haben Erfahrungen gemacht, die sie befähigen, sich besser zu verstehen und zu verzeihen.
Fridolin beabsichtigt, „ihr bald, vielleicht morgen schon, die Geschichte der vergangenen Nacht zu erzählen, doch so, als wäre alles, was er erlebt, ein Traum gewesen – und dann, erst wenn sie die ganze Nichtigkeit seiner Abenteuer gefühlt und erkannt hatte, wollte er ihr gestehen, dass sie Wirklichkeit gewesen waren" (S. 95). Albertine gibt ihm durch die **Maske**, die sie ihm auf das Kopfkissen legt, zu verstehen, dass sie schon manches weiß und mehr noch ahnt: Die Maske deutet an, dass sie „wohl in Erinnerung ihres eigenen Traums" (S. 96) bereit ist zu verzeihen. Dadurch wird Fridolin überwältigt. „Ich will dir alles erzählen" (S. 96). Beide Eheleute haben im Traum und in den nächtlichen Erlebnissen in den Abgrund geblickt und dabei gelernt, Verständnis und Nachsicht zu üben. Sie haben

erfahren, dass „‚die Wirklichkeit einer Nacht, ja dass nicht einmal die eines ganzen Menschenlebens zugleich auch seine innerste Wahrheit bedeutet.' – ‚Und kein Traum', seufzte er leise, ‚ist völlig Traum.'" (S. 97) In dieser Perspektive ist das Eheproblem für die beiden Eheleute gelöst, wenngleich nur auf Zeit. Die Erzählung kehrt den Anfang zurück, indem der neue Tag mit einem „sieghaften Lichtstrahl" (S. 97) und Kinderlachen anbricht.
„Die Traumnovelle nimmt in Schnitzlers Œuvre insofern einen besonderen Platz ein, als die fast das einzige Werk ist, das nicht mit der persönlichen Katastrophe einer Gestalt, dem Ende einer menschlichen Beziehung oder zumindest mit Resignation endet."[17] Aber die Lösung kann nur auf Zeit sein. „In der Behutsamkeit des Schlusses drückt sich die Labilität des befriedeten Zustandes aus, der doppelt gefährdet ist: durch die Dynamik alles Psychischen wie durch die Tatsache, dass am Ende der Novelle Versöhnung nur inmitten einer unversöhnten Gesellschaft, deren zerstörerische Kräfte fortwirken, sichtbar wird."[18]

Fridolins Erlebnisse

Marianne

Marianne ist die erste Frau in einem Reigen von Frauen, denen Fridolin begegnet. Er ist über seine ärztliche Pflicht hinaus an den Personen interessiert. Er ist offen für ihre Reize, besonders die Farbe der Wangen und Lippen wird bemerkt. „Ihr Haar war reich und blond, aber trocken, der Hals wohlgeformt und schlank, doch nicht ganz faltenlos und von gelblicher Tönung, und die Lippen wie von vielen ungesagten Worten schmal" (S. 15). Er registriert **Düfte**, die von ihnen ausgehen, und **Gerüche**, in

17 Ebd., S. 178.
18 Ebd., S. 189.

denen sie leben. „[...] irgendwie spürte Fridolin auch den süßlich faden Geruch dieses blassen Mädchens, das noch jung war und seit Monaten, seit Jahren in schwerer häuslicher Arbeit, anstrengender Krankenpflege und Nachtwachen langsam verblühte" (S. 14 f.). Marianne löst in Fridolin nicht mehr als Interesse aus; er denkt an Hysterie, an einen schlechten Roman und „fühlte sich wie erlöst" (S. 19), als er sie verlassen kann, und im Rückblick erscheinen ihm die Menschen in der Trauerwohnung „gespensterhaft unwirklich" (S. 20). Er fühlt sich „einem schwermütigen Zauber, der keine Macht über ihn gewinnen sollte" (S. 20), entronnen. Doch er begegnet weiteren Frauen, und Fridolin entfernt sich zunehmend von der Wirklichkeit, Ehefrau und Kind „waren ihm völlig ins Gespenstische entrückt" (S. 24). Damit geht die **Lösung aus Verantwortung und menschlichen Bindungen** einher, die er als beruhigend empfindet.

An der jungen Prostituierten, die sich ihm gegenüber Mizzi nennt, fällt ihm auf, dass sie ungeschminkt ist. Als sie seine Zurückhaltung als Angst vor Ansteckung auslegt, wozu, wie sich später herausstellt, Anlass bestünde, widerspricht er heftig und umwirbt sie wie eine anständige Frau. Doch sie weist ihn zurück, und er schämt sich. „Man kann ja nicht wissen, irgendeinmal muss es ja doch kommen. Du hast ganz recht, wenn du dich fürchten tust. Und wenn was passiert, dann möchtest du mich verfluchen" (S. 27). Fridolin und Mizzi denken, sprechen und handeln aneinander vorbei, und doch gehen sie achtungsvoll miteinander um.

Mizzi

Fridolin entfernt sich zunehmend von seiner gewohnten bürgerlichen Welt. Sein alter Bekannter Nachtigall weckt seine Neugier und Begierde, und er möchte an dem Ball einer geheimen Gesell-

Nachtigall

schaft teilnehmen. Dazu benötigt er **Maske und Kostüm**. Die **Kutsche**, die ihn zum Kostümverleiher und zum Schauplatz des Balls bringt, ist schwarz ausgeschlagen und erinnert ihn an eine „Trauerkutsche" (S. 36). Bei Gibiser, dem Kostümverleiher, ist Fridolin „zumute, als wenn er durch eine Allee von Gehängten schritte, die im Begriffe wären, sich gegenseitig zum Tanz aufzufordern" (S. 37). Mönchskostüm und Maske verbergen das individuelle Aussehen und die durch Nachtigalls Beschreibung angefachten Triebe. Die Parole „Dänemark" erschreckt Fridolin. Sie stiftet die Verbindung zwischen dem, was er und seine Ehefrau dort erlebt haben und was er jetzt erwartet.

Gibiser

Im Kostümfundus „empfand er es wie eine Verpflichtung, zu bleiben und der **Pierrette** in einer drohenden Gefahr beizustehen" (S. 39). Bei ihr handelt es sich um die junge Tochter Gibisers, die auf ihn reizvoll wirkt. Er möchte ihr helfen, weil er sie für von zwei Männern bedrängt hält. Noch auf dem Weg zum Ball in der Kutsche („Trauerwagen", S. 41) beschäftigt ihn die Begegnung mit der Pierrette. „Dabei spürte er immer noch den Geruch von Rosen und Puder, der von Pierrettens Brüsten zu ihm aufgestiegen war. An welch einem seltsamen Roman bin ich da vorübergestreift? fragte er sich. Ich hätte nicht fortgehen sollen, vielleicht nicht dürfen." (S. 41)

Gibisers Tochter

Zwar meint Fridolin zu wissen, wo er sich befindet, aber als der „Trauerkutscher" (S. 42) in eine „Schlucht" (S. 43) abbiegt, ist für Friodolin keine Umkehr mehr möglich.

„Wie wär's, dachte Fridolin, wenn ich gar nicht erst ausstiege – sondern lieber gleich zurückkehrte? Aber wohin? Zu der kleinen Pierrette? Oder zu dem Dirnchen in der Buchfeldgasse? Oder zu Marianne, der Tochter des Verstorbenen? Oder nach Hause?

Und mit einem leichten Schauer empfand er, dass er nirgendshin sich weniger sehnte als gerade dorthin. Oder war es, weil dieser Weg ihn der weiteste dünkte? Nein, ich kann nicht zurück, dachte er bei sich. Weiter meinen Weg, und wär's mein Tod. Er lachte selbst zu dem großen Wort, aber sehr heiter war ihm dabei nicht zumut." (S. 42)

Er wird gewarnt. „Aber die Neugier, die Lockung und vor allem sein Stolz waren stärker als jedes Bedenken. Nun bin ich einmal so weit, dachte er, mag es enden, wie es wolle." (S. 44) In seiner falschen Entschlossenheit hält sich Fridolin für heroisch. Wo er bisher immer nur jeweils einer Frau begegnete, die er noch einzuschätzen vermochte, begegnet er nun einer Vielzahl namenloser Frauen, ohne sie noch einschätzen zu können.

„Frauen standen unbeweglich da, alle mit dunklen Schleiern um Haupt, Stirn und Nacken, schwarze Spitzenlarven über dem Antlitz, aber sonst völlig nackt. Fridolins Augen irrten durstig von üppigen zu schlanken, von zarten zu prangend erblühten Gestalten; – und dass jede dieser Unverhüllten doch ein Geheimnis blieb und aus den schwarzen Masken als unlöslichste Rätsel große Augen zu ihm herüberstrahlten, das wandelte ihm die unsägliche Lust des Schauens in eine fast unerträgliche Qual des Verlangens." (S. 45)

Er wird noch einmal gewarnt, und wieder lehnt er es ab zu fliehen.

„‚Es kann nicht mehr auf dem Spiel stehen als mein Leben', sagte er, ‚und das bist du mir in diesem Augenblick wert.' Er fasste ihre Hände, versuchte sie an sich zu ziehen.
Sie flüsterte wieder, wie verzweifelt: ‚Geh!'" (S. 47)

Wie schon bei anderen Begegnungen wird er abgewiesen. Aber mehr als zuvor hat er sich von der Wirklichkeit entfernt.

> *„Fridolin war wie trunken, nicht nur von ihr, ihrem duftenden Leib, ihrem rotglühenden Mund, nicht nur von der Atmosphäre dieses Raums, den wollüstigen Geheimnissen, die ihn hier umgaben; – er war berauscht und durstig zugleich von all den Erlebnissen dieser Nacht, deren keines einen Abschluss gehabt hatte; von sich selbst, von seiner Kühnheit, von der Wandlung, die er in sich spürte."* (S. 48)

Als Fridolin eine **zweite Parole** nicht weiß, ist er als Eindringling entlarvt. Er soll seine Maske ablegen. In der Gesellschaft der Nackten, Maskierten und Kostümierten ist die unmaskierte individuelle Person ungeschützt. Fridolin weigert sich daher und entgeht der drohenden Strafaktion nur dadurch, dass seine Warnerin ihn unerwartet auslöst. Er muss den Schauplatz sofort verlassen.
Die Erlebnisse haben Fridolin immer näher an den Abgrund geführt. **Neugier und Begierde** steigern sich von Begegnung zu Begegnung, doch alle bleiben ohne abschließende Befriedigung. Nach durchlebter Nacht ist es Zeit für die Heimkehr. Seine Frau kommt ihm in den Sinn, doch Lösung ist noch nicht möglich. „Und nun erst dachte er an Albertine – doch so, als hätte er auch sie erst zu erobern, als könnte sie, als dürfte sie nicht früher wieder die Seine werden, ehe er sie mit all den andern von heute Nacht, mit der nackten Frau, mit Pierrette, mit Marianne, mit dem Dirnchen aus der engen Gasse hintergangen." (S. 57)
Eine Lösung ist aber auch nach Albertines Traum nicht möglich.

> *„Je weiter sie in ihrer Erzählung fortgeschritten war, um so lächerlicher und nichtiger erschienen ihm seine eigenen Erlebnisse, so weit sie bisher gediehen waren, und er schwor sich zu, sie alle zu Ende zu erleben, sie ihr dann getreulich zu berichten*

und so Vergeltung zu üben an dieser Frau, die sich in ihrem Traum enthüllt hatte als die, die sie war, treulos, grausam und verräterisch, und die er in diesem Augenblick tiefer zu hassen glaubte, als er sie jemals geliebt hatte." (S. 66)

Das Verhältnis empfindet er als Feindschaft („wie Todfeinde liegen wir hier nebeneinander", S. 67). Er muss noch einmal den Erlebnissen der vergangenen Nacht bei Tageslicht und mit prüfendem Verstand nachgehen. Die kommentierende Ergänzung zum Feindschaftsverhältnis („Aber es war nur ein Wort", S. 67) deutet die Möglichkeit einer Lösung an.
Alle **Nachforschungen** Fridolins geben keinen befriedigenden Aufschluss über die Begegnungen der vergangenen Nacht. Nachtigall ist unter seltsamen Umständen abgereist. Seine Hilfe für die Pierrette ist nicht erforderlich. An der Villa, in der er am Ball der Geheimgesellschaft teilgenommen hat, wird er abgewiesen und vor weiteren Nachforschungen gewarnt. Marianne benötigt ihn nicht mehr, Mizzi liegt im Krankenhaus und kann sein Geschenk nicht mehr in Empfang nehmen. Die Suche nach seiner unbekannten Retterin führt ihn in das Pathologische Institut. Als Arzt hat er dort Zugang, und kann so seine privaten Nachforschungen anstellen. Ohne die gesuchte Frau jemals von Angesicht gesehen zu haben und ohne gar zu wissen, ob sie tot ist, wird er von einer weiblichen Leiche angezogen. Er schlang „seine Finger wie zu einem Liebesspiel in die der Toten, und so starr sie waren, es schien ihm, als versuchten sie sich zu regen, die seinen zu ergreifen; ja ihm war, als irrte unter den halbgeschlossenen Lidern ein ferner, farbloser Blick nach dem seinen; und wie magisch angezogen beugte er sich herab" (S. 92), bis ihn die Ansprache des Pathologen aus dem nekrophilen Spiel herausruft. „Fridolin kam jählings zur Besinnung. Er löste seine Finger aus denen der

Toten, umklammerte ihre schmalen Handgelenke und legte sorglich, ja mit einer gewissen Pedanterie die eiskalten Arme zu seiten des Rumpfes hin. Und ihm war, als ob jetzt, eben erst in diesem Augenblick, dieses Weib gestorben sei" (S. 93). Erst die Anfrage des Kollegen („Also – war sie's?", S. 94) beendet auch diese letzte Nachforschung negativ.

> *„Fridolin zögerte einen Augenblick, dann nickte er wortlos, und war sich kaum bewusst, dass diese Bejahung möglicherweise eine Unwahrheit bedeutete. Denn ob die Frau, die nun da drin in der Totenkammer lag, dieselbe war, die er vor vierundzwanzig Stunden zu den wilden Klängen von Nachtigalls Klavierspiel nackt in den Armen gehalten, oder ob diese Tote irgendeine andere, eine Unbekannte, eine ganz Fremde war, der er niemals vorher begegnet; er wusste: auch wenn das Weib noch am Leben war, das er gesucht, das er verlangt, das er eine Stunde lang vielleicht geliebt hatte, und, wie immer sie dieses Leben weiter lebte; – was da hinter ihm lag in der gewölbten Halle, im Scheine von flackernden Gasflammen, ein Schatten unter andern Schatten, dunkel, sinn- und geheimnislos wie sie – ihm bedeutete es, ihm konnte es nichts anderes mehr bedeuten als, zu unwiderruflicher Verwesung bestimmt, den bleichen Leichnam der vergangenen Nacht."* (S. 94 f.)

Sein Verhältnis zu Albertine ist während der Nachforschungen auf dem Tiefpunkt („In der Tiefe seiner Seele war er doch fertig mit ihr, wie immer das äußere Leben weitergehen sollte", S. 71). Seine Existenz erscheint ihm nichtig. Er ist in dem „Bewusstsein, dass all diese Ordnung, all dies Gleichmaß, all diese Sicherheit seines Daseins nur Schein und Lüge zu bedeuten hatten" (S. 77).
Er stellt sich ein „Rachewerk" (S. 77) in Form eines **Doppellebens** vor.

> *„Ja, verraten, betrügen, lügen, Komödie spielen, da und dort, vor Marianne, vor Albertine, vor diesem guten Doktor Roediger, vor der ganzen Welt; – eine Art von Doppelleben führen, zugleich der tüchtige, verlässliche, zukunftsreiche Arzt, der brave Gatte und Familienvater sein – und zugleich ein Wüstling, ein Verführer, ein Zyniker, der mit den Menschen, mit Männern und Frauen spielte, wie ihm just die Laune ankam – das erschien ihm in diesem Augenblick als etwas ganz Köstliches; – und das Köstlichste dran war, dass er später einmal, wenn Albertine sich schon längst in der Sicherheit eines ruhigen Ehe- und Familienlebens geborgen wähnte, ihr kühl lächelnd alle seine Sünden eingestehen wollte, um so Vergeltung zu üben für das, was sie ihm in einem Traume Bitteres und Schmachvolles angetan hatte."* (S. 77 f.)

Er sieht sich durch Albertines offene Erzählung verletzt, obwohl er ihr ebenfalls untreu geworden ist. Er stellt sich vor, „zu irgendeinem Bahnhof zu fahren, abzureisen, gleichgültig wohin, zu verschwinden für alle Leute, die ihn gekannt, irgendwo in der Fremde wieder aufzutauchen und ein neues Leben zu beginnen als ein anderer, neuer Mensch" (S. 80 f.). Als Arzt kennt Fridolin derartige Fälle von Gedächtnisverlust oder Traumleben.

> *„Solche Dinge kamen freilich selten vor, aber immerhin, sie waren erwiesen. Und in abgeschwächter Form erlebte sie wohl mancher. Wenn man aus Träumen wiederkehrte zum Beispiel? Freilich, man erinnerte sich … Aber gewiss gab es auch Träume, die man völlig vergaß, von denen nichts übrigblieb als irgendeine rätselhafte Stimmung, eine geheimnisvolle Benommenheit. Oder man erinnerte sich erst später, viel später und wusste nicht mehr, ob man etwas erlebt oder nur geträumt hatte."* (S. 81)

Im Grunde genommen hatte Fridolin in seinen nächtlichen Erlebnissen eine solche Doppelexistenz geführt.
„Bei aller Disparatheit sind Fridolins Erlebnisse durch ein gemeinsames Merkmal gekennzeichnet: Versagung."[19] Daraus ergibt sich, dass Fridolin sich nie ganz aus der realen Welt entfernt hat. „Wenn Triebverzicht der Preis der Vergesellschaftung der Menschen ist, dann kann die Tatsache, dass alle Unternehmungen Fridolins durch Versagung abgebrochen werden, nur bedeuten, dass er, wie tief er auch unter die Oberfläche der gesellschaftlichen Ordnung eintritt, dennoch im sozialen Bereich befangen bleibt."[20]

Albertines Traum

Albertines Traum „setzt die Analyse fort, die in Fridolins Erlebnissen zwar angelegt, jedoch nicht zu Ende geführt sind"[21].

Hochzeitsnacht

Statt des **Brautkleides** findet Albertine Kostüme im Schrank („opernhaft, prächtig, orientalisch", S. 60). Sie verweisen auf das orientalische Märchen und auf **Fridolins Kostüm**. Das Märchen, das die Tochter vorgelesen hat, wird bei der Darstellung der Hochzeitsnacht wieder aufgegriffen.

> *„Mit einem Male standest du davor, Galeerensklaven hatten dich hergerudert, ich sah sie eben im Dunkel verschwinden. Du warst sehr kostbar gekleidet, in Gold und Seide, hattest einen Dolch mit Silbergehänge an der Seite und hobst mich aus dem Fenster. Ich war jetzt auch herrlich angetan, wie eine Prinzessin, beide standen wir im Freien im Dämmerschein und feine graue Nebel reichten uns bis an die Knöchel."* (S. 61)

19 Ebd., S. 184.
20 Ebd., S. 185.
21 Ebd., S. 187.

Auch das Motiv des **Sternenhimmels** kommt wieder vor, doch mischen sich leise Zweifel ein. „Über uns aber war ein Sternenhimmel so blau und weit gespannt, wie er in Wirklichkeit gar nicht existiert, und das war die Decke unseres Brautgemachs. Du nahmst mich in die Arme und liebtest mich sehr" (S. 61). Der Zärtlichkeit ist die „Ahnung von vorbestimmtem Leid" (S. 61) beigemengt.

> *„Doch nun war etwas Fürchterliches geschehen. Unsere Kleider waren fort. Ein Entsetzen ohnegleichen erfasste mich, brennende Scham bis zu innerer Vernichtung, zugleich Zorn gegen dich, als wärst du allein an dem Unglück schuld; – und all das: Entsetzen, Scham, Zorn war an Heftigkeit mit nichts zu vergleichen, was ich jemals im Wachsein empfunden habe. Du aber im Bewusstsein deiner Schuld stürztest davon, nackt wie du warst, um hinabzusteigen und uns Gewänder zu verschaffen. Und als du verschwunden warst, wurde mir ganz leicht zumut. Du tatest mir weder leid, noch war ich in Sorge um dich, ich war nur froh, dass ich allein war, lief glückselig auf der Wiese umher […]."* (S. 61 f.)

Der Traum deutet auf die Ahnung, dass beide Eheleute von unterschiedlichen Vorstellungen ausgehen und die Grundlage des Verhältnisses problematisch ist. Die ersehnte **Erfüllung** bleibt aus, und die Trennung ist notwendig, um sich zu versorgen, damit die Blöße mit Kleidung bedeckt wird. Sexualität und **Versorgung** sind beiden Partnern unterschiedlich wichtig. „Du […] kauftest die schönsten Dinge ein, die du für mich nur finden konntest: Kleider, Wäsche, Schuhe, Schmuck; – und all das tatest du in eine kleine gelblederne Handtasche, in der doch alles Platz fand" (S. 62 f.). Die Handtasche, die schon als Attribut dem Dänen zugehörte, deutet auf sexuelle Sehnsucht und den Wunsch nach Erfüllung hin. Der Traum erfüllt Albertine diesen Wunsch.

„Ich war auch längst – seltsam: dieses längst! – nicht mehr mit diesem einen Mann allein auf der Wiese. Aber ob außer mir noch drei oder zehn oder noch tausend Paare da waren, ob ich sie sah oder nicht, ob ich nur jenem einen oder auch andern gehörte, ich könnte es nicht sagen. Aber so wie jenes frühere Gefühl von Entsetzen und Scham über alles im Wachen Vorstellbare weit hinausging, so gibt es gewiss nichts in unserer bewussten Existenz, das der Gelöstheit, der Freiheit, dem Glück gleichkommt, das ich nun in diesem Traum empfand." (S. 63 f.)

Der Traum gewährt Albertine die Erfüllung, die auch Fridolin in seinen Erlebnissen gesucht, aber nicht gefunden hat. Bei der Fortsetzung des Traums ist eine weitere Entsprechung zu Fridolins nächtlichen Erlebnissen festzustellen. In Albertines Traum wird Fridolin gefangen genommen und zum Tode verurteilt. Die Begnadigung durch die opferbereite Fürstin („ich wusste, dass sie das Mädchen vom dänischen Strande war", S. 65) lehnt Fridolin ab. An seinem Schicksal nimmt Albertine keinen Anteil („ohne jedes Mitgefühl", S. 65).
Der Schluss des Traums bringt die beiden Eheleute zusammen, aber sie verfehlen sich.

„Ich lief dir entgegen, auch du schlugst einen immer rascheren Gang ein – ich begann zu schweben, auch du schwebtest in den Lüften; doch plötzlich entschwanden wir einander, und ich wusste: wir waren aneinander vorbeigeflogen. Da wünschte ich, du solltest doch wenigstens mein Lachen hören, gerade während man dich ans Kreuz schlüge. – Und so lachte ich auf, so schrill, so laut ich konnte. Das war das Lachen, Fridolin – mit dem ich erwacht bin." (S. 66)

Das Aneinander-Vorbeifliegen steht für das der Ehe von Fridolin und Albertine eigentümliche **Verfehlen** in mehrfacher Hinsicht. Sie verfehlen den Weg, indem sie in Traum und

Wirklichkeit Abwege gehen; sie verfehlen die Zeit durch die für Albertine zu frühe Eheschließung, sie verfehlen Ziel und Zweck der Ehe durch Versorgung und gedachte oder wirkliche Abenteuer. Albertines Traum vermittelt die Erkenntnis der „Gefahr, dass, bedingt durch die Gewöhnung des Alltags, die sexuellen Strebungen sich von der personalen Bindung an den andern zu lösen und wieder eine selbständige Existenz zu führen beginnen."[22]

Nebenpersonen

Nachtigall und Adler

Nachtigall und Adler sind zwei wichtige Figuren im Zusammenhang mit den nächtlichen Erlebnissen Fridolins. Die **Namen** beider Personen sind dem Tierreich entnommen. Ersterer verweist auf die Musik, letzterer auf das genaue Hinsehen des sezierenden Pathologen. Beide sind Bekannte aus Fridolins Studentenzeit. Durch Nachtigall wird sein Interesse an der Geheimgesellschaft geweckt, er bringt ihn dorthin. Als Fridolin am nächsten Tag nach ihm forscht, ist er nicht mehr auffindbar. Mit Adler trifft Fridolin bei den Nachforschungen nach dem Verbleib der Frau zusammen, die sich für Fridolin eingesetzt hat.

Beide Personen sind auf unterschiedliche Art mit dem **Medizinerstand** verbunden und haben Fridolins Erfahrungen beeinflusst. Durch sie hat Fridolin die **Nacktheit** des weiblichen Körpers erfahren, durch Nachtigall in der Orgie und durch Adler im Leichensaal.

Nachtigall

Als Fridolin unmerklich in eine surreale Welt hinübergleitet, werden ihm Nachtigall und ein Kutscher zu Führern. Er hat kein Verlangen mehr nach zu Hause und fühlt sich in einem Kaffehaus „wie geborgen" (S. 28). Nachtigall erscheint zunächst als **Ge-**

22 Ebd., S. 184.

genbild zu Fridolin, dem bürgerlich verwurzelten und erfolgreichen Arzt. Doch indem er sich Nachtigall als Führer auswählt und in die Geheimgesellschaft gelangt, gerät er immer mehr in die gleichen geheimnisvollen Kreise, denen Nachtigall seine Existenz verdankt. Als Medizinstudent und noch lange danach, als sich sein Abstieg schon vollzog, hat er sich „in Krankenhaus, Seziersaal, Laboratorien und Hörsälen herumgetrieben" (S. 30). In dem Maße, wie sich Fridolin immer stärker in die surreale Welt hinein begibt, verschwimmt der Gegensatz zwischen ihm und Nachtigall.
Nachtigall schätzt ab, ob er Fridolins Interesse an der Geheimgesellschaft befriedigen soll. Er fragt danach, ob Fridolin Courage besitzt (S. 34), womit er seinen Widerspruch weckt: schon zuvor hatte Fridolin sich selbst nach der Anrempelei durch den Studenten Mut bescheinigt. Nachtigall spielt Klavier bei einem Ball, wobei ihm die Augen mit einem schwarzen Seidentuch verbunden sind (S. 34). Fridolins Begierde ist geweckt. Er erwartet dort „nackte Frauenzimmer" (S. 35), und Nachtigall steigert die Erwartung noch, indem er scheinbar widerspricht: „solche Weiber hast du nie gesehen" (S. 35).

Adler

Adler arbeitet im Seziersaal, um durch Obduktionen Todesursachen festzustellen. Wie in Ausübung einer ärztlichen Pflicht erscheint Fridolin bei ihm auf der Suche nach seiner Retterin. Obwohl Fridolin zugibt, dass er nicht in dienstlicher Angelegenheit gekommen ist, spricht Adler mit ihm über seine Fälle und informiert über neue Methoden des Präparierens. Fridolin wird von einer weiblichen Leiche angezogen, doch die Ansprache Adlers bringt ihn wieder zur Besinnung.

„Unwillkürlich, ja wie von einer unsichtbaren Macht gezwungen und geführt, berührte Fridolin mit beiden Händen die Stirne, die Wangen, die Schultern, die Arme der toten Frau; dann schlang er seine Finger wie zu einem Liebesspiel in die der Toten, und so starr sie waren, es schien ihm, als versuchten sie sich zu regen, die seinen zu ergreifen; ja ihm war, als irrte unter den halbgeschlossenen Lidern ein ferner, farbloser Blick nach dem seinen; und wie magisch angezogen beugte er sich herab.
Da flüsterte es plötzlich hinter ihm: ‚Aber was treibst du denn?' Fridolin kam jählings zur Besinnung. Er löste seine Finger aus denen der Toten, umklammerte ihre schmalen Handgelenke und legte sorglich, ja mit einer gewissen Pedanterie die eiskalten Arme zu seiten des Rumpfes hin. Und ihm war, als ob jetzt, eben erst in diesem Augenblick, dieses Weib gestorben sei." (S. 92 f.)

Adlers Intervention beendet das nekrophile Spiel der Finger. Mit der Feststellung des Todes ist die Person zur Sache geworden.

2.5 Sachliche und sprachliche Erläuterungen

Seite	Text	Erläuterung
5	Amgiad	Figur aus den *Erzählungen aus tausendundeiner Nacht*
	Redoute	(frz.) Ballsaal; (österr.) Maskenball
6	Dominos	(Plur.) Domino: Maskenkostüm, bestehend aus weitem Mantel mit Kapuze; Person in einem solchen Kostüm
	Spitalzeit	Spital: (österr.) Krankenhaus
9	umplankten	Verb zu Planke: breites Brett; hier: mit Brettern umgeben
	gepfählten	Verb zu Pfahl; auf Pfählen stehend
10	gespreitet	(veraltet) spreiten: ausbreiten
11	umflorten	(Verb) zu Flor: dünner Seidenstoff; umfloren: mit Flor behängen, bedecken, hier: verschleiert, tränenfeucht
	wohlfeil	billig
12	trüb	glanzlos, matt
	Wörthersee	See in Kärnten, beliebter Badesee in Kärnten, Österreich
13	Hausbesorgerin	(österr.) Hausmeisterin
	Schreyvogelgasse	Straße im I. Bezirk Wiens, benannt nach Joseph Schreyvogel (1768–1832), Schriftsteller und Dramaturg am Burgtheater
	Hofrat	hoher Beamter der Regierung und Verwaltung

Seite	Text	Erläuterung
14	drei Centi Morphin	Cent: (Abk.) Zentigramm, Hundertstel Gramm; Morphin: aus Opium gewonnenes Alkaloid, lähmendes Gift, das wegen seiner schmerzmindernden Wirkung medizinisch eingesetzt wird, Morphium
	Josefstadt	Stadtteil, VIII. Bezirk Wiens
	altväterisch	behaglich, altmodisch
16	Kabinett	kleines Zimmer, Nebenraum
17	Spitzenkatarrh	katarrhalische Entzündung in den oberen Lungenabschnitten, Lungenentzündung
19	Hysterie	(griech.) neurotische Störung, Bezeichnung mit erheblichem Bedeutungswandel: Ablösung des antiken Verständnisses als Frauenkrankheit (unerfüllte weibliche Sexualität) im 19./20. Jahrhundert durch die psychoanalytische Sichtweise, nach der psychisches Leiden in körperliches Leiden konvertiert; heute Bezeichnung für Syndrom und Ersetzung durch den Begriff der histrionischen Persönlichkeitsstörung (lat. histrio „Schauspieler", „Gaukler") bzw. der dissoziativen Störungen (Konversionsstörungen, lat. conversio „Wendung"); Schnitzlers Wortwahl spiegelt den Bedeutungswandel wider und bezeichnet wohl eine schauspielerartige Verhaltensweise.

Seite	Text	Erläuterung
	Havelock	langer ärmelloser Herrenmantel mit Pelerine nach dem englischen General Sir Henry Havelock (1795–1857)
21	Rathauspark	Park im I. Bezirk
22	Ordination	ärztliche Sprechstunde
	Couleurstudenten	Couleur (frz.): Farbe; Verbindungsstudenten
	die blauen Alemannen	Studenten, die der Verbindung Alemannia angehören, deren Verbindungsfarbe (Band, Mütze) blau ist
	Säbelmensuren	(lat.) Mensur: studentischer Zweikampf mit Säbeln als Waffen
23	Kontrahage	(frz.) Forderung zum Duell
25	No, wie wir i denn heißen?	(wienerisch) Na, wie werde ich wohl heißen?
	Mizzi natürlich	Koseform zu Maria, hier als Übername für Prostituierte verwendet
28	Konstantinopel	früherer Name von Istanbul (bis 1930)
	wegen eines Bahnbaus in Kleinasien	Bagdadbahn, zwischen 1903 bis 1940 im Osmanischen Reich errichtete Eisenbahnstrecke
	insolvent	(lat.) zahlungsunfähig
	Vitriol	(veraltet) Schwefelsäure
	in den Sophiensälen	Vergnügungsstätte im III. Bezirk

Seite	Text	Erläuterung
	Schönbrunner Hauptstraße	nach dem Schloss Schönbrunn benannte Straße
	Sublimat	(lat.) Quecksilber(II)-Chlorid; giftiges Salz, das beim Erhitzen sublimiert; in der Medizin als Desinfektionsmittel gebraucht, früher auch besonders bei Geschlechtskrankheiten
30	Seziersaal	(lat.) Saal, in dem zu medizinischen Lehr- und Forschungszwecken Leichen geöffnet werden
	Studiosus medicinae	(lat.) Student der Medizin vor der Zwischenprüfung
	Konservatorium	(lat.) Musikhochschule
31	Cancan	(frz.) Schautanz, in Varietés, Cabarets etc. aufgeführt, mit hohen Beinwürfen und Spagatsprüngen
	Couplet	(frz.) mehrstrophiges satirisches Lied mit Refrain, besonders im Cabaret
32	Etablissement	(frz.) Vergnügungsstätte z. B. Varieté, Cabaret
34	Courage	(frz.) Mut
35	Entrée	(frz.) Eintrittsgeld
	Billetts	(frz.) Eintrittskarten
	Kollega	(lat.) Kollege, Anrede von Absolventen derselben Fachrichtung
	Larve	Gesichtsmaske

Seite	Text	Erläuterung
36	Café Vindobona	Café, nach der lat. Bezeichnung für Wien benannt
37	Louis Quatorze	barocker Stil, nach Ludwig XIV. (1638–1715) benannt
	Directoire	strenger gerader Stil, nach dem Direktorium (Regierungsbehörde Frankreichs 1795–1799) benannt
	Altdeutsch	Stil in der Art der deutschen Renaissance
	Femrichter	Feme: heimliches Gericht, zu dem nur Eingeweihte Zutritt haben
38	Pierrettenkostüm	Pierrette: aus der Commedia dell'Arte stammende Figur; weibliches Gegenstück zum Pierrot, einer komischen, melancholischen Figur mit weiß gepudertem Gesicht
39	Landsknecht	zu Fuß kämpfender Söldner
41	Fiaker	(österr.) Mietkutsche, Mietkutscher
43	Harmoniumklänge	Harmonium: orgelartiges Tasteninstrument
	Livree	(frz.) uniformartige Kleidung für Bedienstete
45	Kavalierstrachten	Kavalier: (eigentl.) Reiter, Ritter; im übertragenen Sinn höflicher, ritterlicher Mensch
51	ungesäumt	(poet.) ohne zu säumen, ohne Zögern, unverzüglich
52	Mummerei	(veraltet) Maskerade

Seite	Text	Erläuterung
54	infamer	niederträchtiger
	Geckerei	Narrenpossen, zu Geck: eitler Mensch, Fastnachtsnarr; hier: Einbildung, Selbstüberschätzung
56	Mönchshabit	Habit: Kleidung
57	Delirien	(Plur.) Delirium: Zustand der Verwirrung mit Wahnvorstellungen im Fieber, Rausch
58	Einspänner	Kutsche mit nur einem Pferd
60	Schwert zwischen uns	Anspielung auf Hochzeitsnacht zwischen Siegfried und Brunhild im *Nibelungenlied*: Als Brautwerber im Auftrag König Gunthers ist Siegfried Brunhild in Gunthers Gestalt erschienen; um dem Freund und Bräutigam die Treue zu halten und die Ehe nicht zu vollziehen, legt er ein Schwert zwischen sich und Brunhild.
61	umfriedet	eingefasst, umzäunt
64	Diadem	(griech.) Stirnschmuck, Reif
66	Gebaren	Benehmen, Verhalten
68	Arztenstasche	Arzttasche
	Repetatur	(lat. „es soll erneuert werden") Wiederholungsrezept
	Zichorienkaffee	Kaffeeersatz, aus den Wurzeln der Wegwarte (Zichorie) hergestellt
	Einvernahme	(österr.) Vernehmung, Verhör
70	Überzieher	Herrenmantel

Seite	Text	Erläuterung
71	läutete er schnell ab	abläuten: (österr.): den Telefonhörer auflegen, das Telefongespräch beenden
	eines Konsiliums wegen	Konsilium: (lat.) Beratung mehrerer Ärzte über einen Krankheitsfall
72	Sektion	(lat.) Leichenöffnung
	Weibersaal	Frauenstation
73	der histologischen Untersuchung	histologisch: von Histologie: Gewebelehre; Gewebeuntersuchung
74	leichten Kaufs	ohne Schaden
	Empirestil	Empire: das französische Kaiserreich unter Napoleon I.
75	Monogramm	Namenszeichen
78	Zyniker	(griech.) schamlos-spöttischer Mensch
79	Jettkette	Jett: polierte Braunkohle, zu Schmuck verarbeitet, besonders als Witwenschmuck getragen
	Lederdiwan	Diwan: Sofa, Ruhebett ohne Rückenlehne
	brüsk	barsch, schroff
82	Sekundararzt	(österr.) Assistenzarzt
84	Rauchfangkehrermeister	(österr.) Kaminkehrermeister, Schornsteinfegermeister
88	Pathologisch-anatomischen Institut	Pathologie: Lehre von den Krankheiten; Anatomie: Wissenschaft vom Körperbau; Institut, in dem zur Feststellung der Todesursache Leichen geöffnet werden

Seite	Text	Erläuterung
	des histologischen Kabinetts	des kleinen Arbeitsraums für Gewebeuntersuchungen
89	Burschenzeit	Bursche: Bezeichnung für ein Vollmitglied einer Studentenverbindung
	Addison	(med.) Addisonsche Krankheit: primäre Nebennierenrindeninsuffizienz
	Pleuratumor	(med.) Rippenfelltumor
	Sarkom	(med.) Krebserkrankung der Knochen oder des Weichgewebes
90	Suicidium	(lat.) Selbstmord
91	Gaslüsters	Lüster: Kronleuchter
93	Lysol	(med.) Seifenlösung, Desinfektionsmittel

2.6 Stil und Sprache

Der Beginn der *Traumnovelle* zeigt die Familie beim trauten Zusammensein. Das Kind, dessen Namen wir nicht erfahren, liest seinen Eltern, die nur mit ihren Vornamen genannt werden, aus einem Buch vor, bis es einschläft.

> *„Vierundzwanzig braune Sklaven ruderten die prächtige Galeere, die den Prinzen Amgiad zu dem Palast des Kalifen bringen sollte. Der Prinz aber, in seinen Purpurmantel gehüllt, lag allein auf dem Verdeck unter dem dunkelblauen, sternbesäten Nachthimmel, und sein Blick –"* (S. 5).

Märchen und Erzählung

Der Name Amgiad und die märchenhaften Motive (Prinz, Sternenhimmel) lassen an einen Ausschnitt aus den *Erzählungen aus tausendundeiner Nacht* denken, die zu Beginn des 20. Jahrhunderts ein großes begeistertes Lesepublikum fanden.[23]

Tatsächlich gibt es dort keine Vorlage, die Schnitzler für den Anfang der *Traumnovelle* verwendet hätte. Aber der Lektüretext des Kindes in der Art der *Erzählungen aus tausendundeiner Nacht* im familiären Kontext erfüllt eine wichtige Funktion. Er deutet auf stilistische Elemente voraus, die in der *Traumnovelle* bestimmend werden. In den *Erzählungen aus tausendundeiner Nacht* lässt sich ein durch weibliche Untreue verletzter König jeden Abend eine Jungfrau bringen, die am nächsten Morgen enthauptet wird, bis Scheherezade, die seine Frau werden will, ihm Geschichten erzählt, die so spannend sind, dass der König wissen will, wie sie weitergehen. Deshalb wird die

23 Hugo von Hofmannsthal schrieb 1907 einen Essay *Tausendundeine Nacht*, die der Übersetzung von E. *Littmann Die Erzählungen aus 1001 Nächten*, 6 Bde. Leipzig 1923–28 vorangestellt ist. Vgl. dazu Scheffel, Michael: *„Ich will dir alles erzählen". Von der „Märchenhaftigkeit des Alltäglichen" in Arthur Schnitzlers ‚Traumnovelle'*, Text und Kritik, Heft 138/139, April 1998, S. 123–137, bes. S. 134 Anm. 11–14.

Hinrichtung immer weiter aufgeschoben. Am Ende heiraten die beiden. Scheherezade erzählt gegen den Tod an. Solange sie erzählt, wird die tödliche Bedrohung unwirksam. **Erzählen bedeutet Leben**. Auch Albertine und Fridolin erzählen sich ihre Ferienerlebnisse vom jungen Dänen und dem jungen Mädchen. „Wir wollen einander solche Dinge künftighin immer gleich erzählen" (S. 11), versprechen sich die Eheleute auf Albertines Drängen. Was Fridolin widerfährt, wird ebenfalls erzählt in „Erzählungen aus zwei Nächten", erst vom Erzähler und am Ende von Fridolin seiner Frau. „Ich will dir alles erzählen." (S. 96) Die märchenhaften Motive des Lektüretextes werden wieder in Albertines Traum aufgegriffen. Sie begegnen sich wie Prinz und Prinzessin. Schon die Verlobung am Wörthersee (Kahn auf dem See, Zauberwort, S. 12 f.) ist märchenhaft. Auch Fridolins Erlebnisse enthalten märchenhafte Elemente wie die Kutsche mit den undurchsichtigen Fenstern und die sich gleichzeitig öffnenden Türen (S. 55).

Die Erzählweise des Märchens entrückt das Geschehen in den Bereich des Unwirklichen und der Phantasie und öffnet es für den Einbruch von Wunsch und Triebhaftigkeit.

Erzählperspektiven

Durch verschiedene Erzählperspektiven wird Fridolin in seinen Gedanken und Gefühlen dargestellt. In einem **inneren Monolog** denkt er darüber nach, wie er Marianne kennenlernte und wie ihre Zukunft wohl aussehen mag („eine Ehe wie tausend andere. Was kümmert's mich", S. 16). An Marianne hat er kein Interesse.

Durch den Wechsel der Erzählperspektiven wird das **Ineinander von Rückblick, Vorausschau, Reflexion und Beschreibung** erfasst. Als ihn die Kutsche zur Villa mit der geheimen Ballgesellschaft gebracht hat, geht er seine bisherigen Erlebnisse durch.

> *„Wie wär's, dachte Fridolin, wenn ich gar nicht erst ausstiege – sondern lieber gleich zurückkehrte? Aber wohin? Zu der kleinen Pierrette? Oder zu dem Dirnchen in der Buchfeldgasse? Oder zu Marianne, der Tochter des Verstorbenen? Oder nach Hause? Und mit einem leichten Schauer empfand er, dass er nirgendshin sich weniger sehnte als gerade dorthin. Oder war es, weil dieser Weg ihn der weiteste dünkte? Nein, ich kann nicht zurück, dachte er bei sich. Weiter meinen Weg, und wär's mein Tod. Er lachte selbst zu dem großen Wort, aber sehr heiter war ihm dabei nicht zumut."* (S. 42)

Im inneren Monolog erinnert er sich der unbefriedigenden Begegnungen, die er bisher in der Nacht hatte; er ahnt, dass auch die nächste Begegnung in der abwärtsführenden Reihe ihn noch tiefer führen wird, sieht aber für sich keine andere Möglichkeit, als den angefangenen Weg weiterzugehen.
Nach seinem letzten Besuch bei Marianne wird Fridolins verzweifelte Situation als Rückblick und Entscheidung in **erlebter Rede** dargestellt.

> *„Aber was nun? Nach Hause? Wohin sonst! Heute konnte er ja doch nichts mehr unternehmen. Und morgen? Was? Und wie? Er fühlte sich ungeschickt, hilflos, alles zerfloss ihm unter den Händen; alles wurde unwirklich, sogar sein Heim, seine Frau, sein Kind, sein Beruf, ja, er selbst, wie er so mit schweifenden Gedanken die abendlichen Straßen mechanisch weiterging."* (S. 80)

Sein Abstand zur bürgerlichen Alltäglichkeit ist so groß geworden, dass er eine **Doppelexistenz** führen möchte.
Erlebte Rede und innerer Monolog leuchten Fridolins Gefühlslage aus. Im inneren Monolog spricht sich Fridolin von dem Vorwurf der Feigheit wegen einer ohne Gegenwehr hingenommenen Anrempelei durch Studenten frei.

„Feig –? Unsinn, erwiderte er sich selbst. Soll ich mich mit einem betrunkenen Studenten herstellen, ich, ein Mann von fünfunddreißig Jahren, praktischer Arzt, verheiratet, Vater eines Kindes! – Kontrahage! Zeugen! Duell! Und am Ende wegen einer solchen dummen Rempelei einen Hieb in den Arm? Und für ein paar Wochen berufsunfähig? – Oder ein Auge heraus? – Oder gar Blutvergiftung? – Und in acht Tagen so weit wie der Herr in der Schreyvogelgasse unter der Bettdecke aus braunem Flanell! Feig –? Drei Säbelmensuren hatte er ausgefochten, und auch zu einem Pistolenduell war er einmal bereit gewesen, und nicht auf s e i n e Veranlassung war die Sache damals gütlich beigelegt worden. Und sein Beruf! Gefahren von allen Seiten und in jedem Augenblick, – man vergaß nur immer wieder dran. Wie lange war es denn her, dass das diphtheritiskranke Kind ihm ins Gesicht gehustet hatte? Drei oder vier Tage, nicht mehr. Das war immerhin eine bedenklichere Sache als so eine kleine Säbelfechterei. Und er hatte überhaupt nicht mehr daran gedacht. Nun, wenn er dem Kerl wieder begegnete, ließ sich die Angelegenheit immer noch ins Reine bringen. Keineswegs war er verpflichtet, um Mitternacht auf dem Weg von einem Kranken oder auch zu einem Kranken, das hätte ja schließlich auch der Fall sein können, – nein, er war wirklich nicht verpflichtet, auf solch eine alberne Studentenrempelei zu reagieren. Wenn jetzt zum Exempel der junge Däne ihm entgegenkäme, mit dem Albertine – ach nein, was fiel ihm denn nur ein? Nun – es war ja doch nicht anders, als wenn sie seine Geliebte gewesen wäre. Schlimmer noch. Ja, der sollte ihm jetzt entgegenkommen. Oh, eine wahre Wonne wäre es, dem irgendwo in einer Waldlichtung gegenüberzustehen und auf die Stirn mit dem glattgestrichenen Blondhaar den Lauf einer Pistole zu richten.“ (S. 23 f.)

Ein Gedanke führt zum nächsten, ein Gefühl führt zum nächsten; Gedanken, Gefühle sind assoziativ miteinander verknüpft und umkreisen immer wieder dieselben Ereignisse und Vorgänge.

Wortwahl

Die Wortwahl unterstützt den Wechsel zwischen Realität und Traumwelt, ehelichem Alltag und wildem Treiben. Die **Personen** tragen Namen (Nachtigall, Adler, Gibiser), die **Straßen** sind auf dem Wiener Stadtplan auffindbar, werden aber, durch nächtliche Neugier beflügelt, zur Schlucht. **Häuser** und **Wohnungen** werden nach Aussehen, Ausstattung und Atmosphäre einprägsam beschrieben wie z. B. Mizzis Zimmer oder Mariannes Wohnung. Die Räumlichkeiten sind dem Zweck entsprechend bezeichnet (Kaffeehaus, Ballsaal, Leihanstalt, Totenkammer; „Krankenhaus, Seziersaal, Laboratorien und Hörsälen", S. 30). Die **Ereignisse** sind Begegnungen und Zwischenfälle, die aber als Schicksal, Abenteuer, Rätsel wirken.
Die **Personen** sind vom sozialen Status und vom Verhalten her durch die Wortwahl charakterisiert, als Mann, Herr, Kavalier, Wüstling bzw. als Frau, Fräulein, Dirne, Prostituierte, Weib. Das gilt auch dann, wenn sie sich kostümieren („auf der einen Seite Ritter, Knappen, Bauern, Jäger, Gelehrte, Orientalen, Narren, auf der anderen Hofdamen, Ritterfräulein, Bäuerinnen, Kammerzofen, Königinnen der Nacht", S. 37). Die Menschen sind durch Aussehen und Verhalten unterschieden. Wichtig an ihnen sind **Antlitz** (Augen, Lippen), **Körper** (Nacken, Hände, Finger) und **Kleidung** (Kostüm, Larve, Binde, Nacktheit). Wenn sie sich bei Tag begegnen, regiert das **Bewusstsein** (Helligkeit, Auskunft), in **Nacht und Traum** werden die Wahrnehmungen unsicher (gespenstisch, trügerisch, unheimlich), und das Verlangen wird gesteigert (Neugier, Begierde, Verlangen, Seufzer, Schrei). Die Menschen agieren zwischen Tag und Nacht, zwischen Licht und Schatten. Die **Empfindungen**

sind demnach unterschiedlich (blenden, flimmern; dämmerig, dunkel; flüchtig). **Tod** und **Krankheit** durch **Ansteckung** sind allgegenwärtig. Die **Unsicherheit** wird durch Wortwahl (scheinen, vermuten; unbegreiflich, eigentümlich; wie, als ob) oder Formulierungen („ohne recht zu wissen warum", S. 32; „glaubte zu sehen", S. 67) unterstrichen.
Fridolin ist bei seinen Erlebnissen eingespannt in den **Gegensatz** von Verhüllen und Enthüllen, Licht und Schatten, Nähe und Ferne, Reden und Schweigen, Leben und Tod. Seine Wahrnehmungen werden in der Darstellung durch **Wortverbindungen** („blendende Nacktheit", S. 57; „schmerzliche Schatten", S. 58) und **Reihung** noch intensiviert („Die Vorstellung der Dinge, die sich eben jetzt in der Villa ereignen mochten, erfüllte ihn mit Grimm, Verzweiflung, Beschämung und Angst", S. 56).
Fridolins nächtliche Erlebnisse und ihre Nachprüfung am folgenden Tag rahmen Albertines Traum ein. Darin finden sich Themen und Symbole wie in der **Psychoanalyse**.

Vergleich zwischen Traum und Erlebnissen

Das Fliegen, Nacktheit und die gelbe Tasche verweisen auf unerfüllte sexuelle Wünsche. Beide fliegen aneinander vorbei. „Ich lief dir entgegen, auch du schlugst einen immer rascheren Gang ein – ich begann zu schweben, auch du schwebtest in den Lüften; doch plötzlich entschwanden wir einander, und ich wusste: wir waren aneinander vorbeigeflogen." (S. 66)
Die gelbe Tasche des Dänen (s. S. 6) gehört im Traum Fridolin, der für sie Kleider, Schmuck usw. einkauft und in die Tasche steckt. Der Traum verschiebt das Symbol der Tasche vom Dänen auf Fridolin.
Die Darstellung nutzt die **Gesetzmäßigkeiten des Traums**, doch geht er nicht darin auf. Entsprechend dem ursprünglichen Titel („Doppelnovelle") und der Struktur des Textes ist er das **Gegenstück zu Fridolins Erlebnissen**.

Das wird besonders deutlich bei Fridolins Abenteuer in der Villa der Geheimgesellschaft. „Aber ob außer mir noch drei oder zehn oder noch tausend Paare da waren, ob ich sie sah oder nicht, ob ich nur jenem einen oder auch andern gehörte, ich könnte es nicht sagen." (S. 63 f.) Das erinnert an das Schicksal von Fridolins Retterin (s. S. 50). Es geht bei beiden Eheleuten um das Verhältnis von Wunsch und Wirklichkeit, Begierde und fehlender Erfüllung. Traum und Erlebnisse sind sich ähnlich in dem, was sie anzeigen, und in der Art, wie sie es anzeigen. Beide Darstellungen sind märchenhaft und traumartig, sie arbeiten mit Symbolen und Verschiebungen. In beiden Erzählungen geht es um Strafvermeidung und Begnadigung. Doch während Fridolin in seinen eigenen Erlebnissen durch das Opfer einer Frau von Strafe verschont wird, lehnt er im Traum die Begnadigung durch die Fürstin ab. Er opfert sich für seine Frau und wird dafür ans Kreuz geschlagen. Das junge Mädchen aus dem Urlaub in Dänemark ist im Traum zur Fürstin geworden. Hinter beiden Personen ist ebenso wie bei der unbekannten Retterin im Traum Albertine gegenwärtig.

Indem sich die Eheleute ihre realen und vorgestellten Erlebnisse erzählen, wächst das **Verständnis** füreinander und **Verzeihen** wird möglich.

Traum

Nach der Erzählung des Traums weiß Fridolin: „‚kein Traum', seufzte er leise, ‚ist völlig Traum'" (S. 97). Der Traum ist Wunsch, eine Wirklichkeit eigener Art, die mit der Realität, aber mit eigenen Gesetzen, in Verbindung steht und kommuniziert.

Am Ende sind beide Eheleute „für lange" (S. 97) erwacht.

Sinnliche Wahrnehmung

Die Darstellung von Fridolins Erlebnissen wird durch seine sinnliche Wahrnehmung intensiviert.

Die Attraktivität einer Frau kommt für ihn auch in der Art der **Gerüche** und **Düfte** zum Ausdruck.
Bei Marianne riecht es

> *„nach alten Möbeln, Medikamenten, Petroleum, Küche; auch ein wenig nach Kölnisch Wasser und Rosenseife, und irgendwie spürte Fridolin auch den süßlich faden Geruch dieses blassen Mädchens, das noch jung war und seit Monaten, seit Jahren in schwerer häuslicher Arbeit, anstrengender Krankenpflege und Nachtwachen langsam verblühte."* (S. 14 f.)

Sie hat für ihn eine Zuneigung entwickelt, die er nicht erwidert. Eher „flößte ihm der Anblick des glanzlos trockenen Haares, der süßlich-fade Geruch ihres ungelüfteten Kleides einen leichten Widerwillen ein" (S. 19).
An Mizzi fallen Fridolin sofort die **roten Lippen** auf, und er denkt daran, dass er sich anstecken könnte: „Es war ein zierliches, noch ganz junges Geschöpf, sehr blass mit rotgeschminkten Lippen. Könnte gleichfalls mit Tod enden, dachte er, nur nicht s o rasch! Auch Feigheit? Im Grunde schon." (S. 24); nach genauerem Hinsehen korrigiert er sich: „Er merkte, dass ihre Lippen gar nicht geschminkt, sondern von einem natürlichen Rot gefärbt waren, und machte ihr ein Kompliment darüber" (S. 26). Bei ihr fühlt er sich wohler als bei Marianne („es war ein ganz behaglicher Raum, nett gehalten, und jedenfalls roch es da viel angenehmer als zum Beispiel in Mariannens Behausung", S. 25).
Beim Kostümverleiher stellt Fridolin die Mischung **gegensätzlicher Sinneswahrnehmungen** fest. „Er führte Fridolin über eine Wendeltreppe ins Magazin hinauf. Es roch nach Seide, Samt, Parfüms, Staub und trockenen Blumen; aus schwimmendem Dunkel blitzte es silbern und rot; und plötzlich glänzten eine Menge kleiner Lämpchen zwischen

offenen Schränken eines engen, langgestreckten Gangs, der sich rückwärts in Finsternis verlor." (S. 37) Die konträren Empfindungen entsprechen seiner gesteigerten Sensibilität und der unwirklichen Umgebung, in die er sich hineinbegeben hat. In der Darstellung der Pierrette mischen sich **Düfte** und **sinnlicher Reiz** („Ihr kleines schmales Gesicht war weiß bestäubt, mit einigen Schönheitspflästerchen bedeckt, von ihren zarten Brüsten stieg ein Duft von Rosen und Puder auf; – aus ihren Augen lächelte Schelmerei und Lust." S. 38) Nachdem er den Kostümverleiher verlassen hat, stellt er im Rückblick fest: „Dabei spürte er immer noch den Geruch von Rosen und Puder, der von Pierrettens Brüsten zu ihm aufgestiegen war" (S. 41). Farbe (schwarzer Schleier, S. 43; blutroter Mund, S. 44) sowie sinnliche Reize durch Berührung, Schleier und Seidenspitze nimmt Fridolin in der Villa wahr („Ein fremdartiger, schwüler Wohlgeruch, wie von südländischen Gärten, umfing ihn", S. 43).

Leitmotive

Leitmotive durchziehen den Text und fügen ihn zu einem dichten Gewebe zusammen.

Als das Kind zu Ende gelesen hat, treffen sich die **Hände** der Eltern auf der Stirn der Tochter. Die Geste kehrt wieder, als Albertine ihren Traum erzählt. „Sie streckte ihm eine Hand entgegen; er nahm sie, und gewohnheitsmäßig, mehr zerstreut als zärtlich, hielt er wie spielend ihre schlanken Finger umklammert" (S. 60); am Ende hält Fridolin immer noch ihre **Finger**: „Nun merkte er, dass er immer noch ihre Finger mit seinen Händen umfasst hielt und dass er, wie sehr er diese Frau auch zu hassen gewillt war, für diese schlanken, kühlen, ihm so vertrauten Finger eine unveränderte, nur schmerzlicher gewordene Zärtlichkeit empfand" (S. 66 f.). Im Leichensaal treibt er ein nekrophiles Spiel mit den **Fingern** einer Frauenleiche: „dann

schlang er seine Finger wie zu einem Liebesspiel in die der Toten, und so starr sie waren, es schien ihm, als versuchten sie sich zu regen, die seinen zu ergreifen; ja ihm war, als irrte unter den halbgeschlossenen Lidern ein ferner, farbloser Blick nach dem seinen; und wie magisch angezogen beugte er sich herab" (S. 92), bis er durch Adler zur Besinnung gerufen wird. **Intimität und Morbidität** laden die Geste symbolisch auf.
Die Motive wechseln ihren Einsatzort und stiften **Atmosphäre**. Anfangs besuchen die Ehepartner gemeinsam eine **Ballgesellschaft** und stoßen damit ihre Ehekrise an; zugleich stellt Fridolins Besuch der Redoute in der Villa die weiteste Entfernung der beiden voneinander dar. Die Parole „**Dänemark**", die dort für den Eintritt gefordert wird, weist auf den Urlaubsaufenthalt zurück, als Albertines Interesse einem Dänen mit gelber Tasche galt und Fridolin einem jungen Mädchen begegnete. Die gelbe Tasche trägt Fridolin in Albertines Traum, und die Fürstin, die ihn zu begnadigen bereit ist, erinnert an das junge Mädchen.
Nacktheit, Krankheit und Tod schaffen eine **Atmosphäre der Morbidität und Dekadenz**. Die **Nacktheit** des jungen Mädchens bezaubert Fridolin, das Antlitz seiner Retterin kennt er nicht, da es verschleiert war. Er kennt nur ihren Körper und sucht nach ihr im Leichensaal. Erst **Verwesung und Zerfall** werden von ihm als „ewige Gesetze" anerkannt, zuvor lässt er nicht von seinen Nachforschungen ab. Dem Tod begegnet er bei Mariannes Vater, dem Hofrat, und im Seziersaal bei seinem Kollegen Dr. Adler.
Leitmotivische Funktion hat auch das **Wetter**, das oft zu Beginn eines Abschnitts scheinbar beiläufig erwähnt wird. Er verlässt das Haus bei Tauwetter (S. 14), am Vorabend lag noch hoher Schnee (S. 18), nach dem Verlassen Mariannes weht ein „Vorfrühlingswind" (S. 20), „als wäre wirklich schon der

Frühling da und die trügerisch-warme Luft nicht schwanger von Gefahren" (S. 21). Das Wetter wird zunehmend besser, es kann aber trügen und falsche Sicherheit vermitteln. Als er Mizzi verlassen hat, war es „noch etwas wärmer geworden. Der laue Wind brachte in die enge Gasse einen Duft von feuchten Wiesen und fernem Bergfrühling" (S. 27). Nachdem Fridolin aus der Villa gewiesen und vom Kutscher abgesetzt worden ist, spiegelt das Wetter seine innere unsichere Verfassung wider: „Der Himmel war bedeckt, die Wolken jagten, der Wind pfiff, Fridolin stand im Schnee, der ringsum eine blasse Helligkeit verbreitete. Er stand allein mit offenem Pelz über seinem Mönchsgewand, den Pilgerhut auf dem Kopf, und es war ihm nicht eben heimlich zumute" (S. 55).

Durch Erzählweise und Perspektiven, durch Wortwahl und Motive entsteht ein dichtes **Beziehungsgefüge**. Durch Verweise und Entsprechungen wird zwischen Bedeutungsebenen gewechselt. Personen, Verhalten, Gegenstände, Aussagen erscheinen in einem neuen Kontext, schaffen Atmosphäre, klären oder verrätseln.

Verweise und Entsprechungen

Viele Bezüge gibt es dadurch, dass Fridolin bei Tag noch einmal die Schauplätze seiner nächtlichen Erlebnisse aufsucht. Bei Tageslicht ist die Schlucht nicht mehr so steil, die Ereignisse erscheinen ihm nicht mehr so existenziell und dramatisch, sondern als Komödien, und die Personen der Nacht trifft er nicht vor. Freilich tritt damit keine Beruhigung ein. Ein Abschluss ist erst mit dem Tod der gesuchten Person möglich. Erst danach kann er zu Frau und Kind zurückgehen.

Erzählte Zeit

Die einzelnen Begebenheiten sind trotz ihres traum- und märchenhaften Charakters zeitlich genau erfasst. Demnach umfasst die *Traumnovelle* einen Zeitraum von 34 Stunden. Sie beginnt um neun

Uhr abends und endet am übernächsten Tag morgens um sieben Uhr: Nach dem Schlafengehen des Kindes setzen Fridolin und Albertine ihr Gespräch über die Redoute, die sie am Vorabend besucht haben, fort. Er wird zum Hofrat gerufen und beginnt seine Reise durch die Nacht. Als er heimkehrt, erzählt ihm Albertine ihren Traum. Das Dienstmädchen weckt ihn am Morgen. Er beginnt einen neuen Arbeitstag, gibt sein Kostüm zurück, versieht seinen Dienst im Krankenhaus und beurlaubt sich von einigen Terminen, um Zeit für seine Nachforschungen zu haben. Er isst zu Hause zu Mittag, absolviert einige dienstliche Termine und setzt abends und in der Nacht seine Nachforschungen fort. Danach kehrt er nach Hause zurück, erzählt seine Erlebnisse. Die Erzählung dauert bis zur Morgendämmerung an. Um sieben Uhr klopft das Dienstmädchen an die Tür.

Einige Teile wie Besuch der Redoute und die Erlebnisse in Dänemark werden im **Rückblick** erzählt, die meisten Geschehnisse sind aber **linear** angeordnet. Dabei nehmen die Erzählungen und Verweise komplexere reale und imaginäre Abläufe in sich auf. Unter der vermeintlich einfachen Oberfläche des Textes verbirgt sich ein hochartifizielles Gebilde, das den Leser in seinen Bann zieht.

2.7 Interpretationsansätze

Die Novelle enthält mehrere Zugangsmöglichkeiten für die Interpretation, von denen einige im Folgenden skizziert werden. Dazu bieten sich Ansätze sowohl innerhalb des Textes (Ehethema, Struktur) als auch außerhalb des Textes (Vergleich mit anderen Werken Schnitzlers und der Verfilmung der Novelle) an.

Ehe: Die Darstellung der Novelle konzentriert sich auf die beiden Hauptpersonen Fridolin und Albertine. Sie führen eine scheinbar glückliche Ehe mit traditioneller Rollenverteilung. Er ist als angesehener Arzt der Ernährer der Familie, sie kümmert sich um Kind und Haushalt. Die Erinnerung an einen Urlaub lässt unerfüllte Wünsche und Sehnsüchte deutlich werden. Misstrauen und Hass, die bisher im Verborgenen schlummerten, werden wach. Die Alltäglichkeit des Ehelebens wird durch neue Wahrnehmungen im Traum und in nächtlichen Erlebnissen abgelöst. Die gegenseitige Offenheit der Ehepartner, die die Krise auslöst, ermöglicht zugleich die Lösung.
Die Untersuchung der Ehekrise und ihrer Lösung schließt die Charakterisierung der Ehepartner, ihr Verhältnis zueinander und den Umgang mit ihrem Kind ein. Die Darstellung der gefährdeten Ehe bezieht das Bild von Mann und Frau und das durch Philosophie und Psychologie beeinflusste Menschenbild ein. Sie unterliegen ebenso wie die Vorstellung von der Ehe dem gesellschaftlichen Wandel.

Traum: In Schnitzlers „Doppelnovelle" ist der Traum zugleich Gegenstand und Methode der Darstellung. Der Traum deckt die Gefährdung der Ehe auf, sichert aber auch ihre Fortsetzung.
Als dichterisches Darstellungsmittel nutzt der Traum dieselben Regeln wie der Traum als psychischer Vorgang und Erkennt-

nismittel in der Psychoanalyse. Auch wenn ihm in beiden Bereichen dichterische Qualitäten eigen sind, sind die Kontexte grundsätzlich verschieden. Arthur Schnitzler interessiert sich als Arzt für psychische Vorgänge und stellt Menschen am Rande des seelischen Abgrunds dar. Sein Interesse an der wirklichkeitsnahen und psychologisch begründeten Darstellung führt ihn zur Verwendung des inneren Monologs. Zur gleichen Zeit erforscht in Wien Sigmund Freund als Psychoanaytiker die Gesetzmäßigkeiten des Traums und seine Deutung. In diesem Zusammenhang deutet er auch Träume in der Literatur, besonders in Mythen und im Märchen.

Aufbau: Anfang und Ende der Novelle gehören als Problem und Lösung zusammen. Offenheit und Erzählbereitschaft decken unerfüllte Wünsche auf, die die Ehe gefährden, ermöglichen aber zugleich die Fortführung der Ehe. Albertines Traum und Fridolins Erlebnisse entspringen demselben Problem und unterliegen denselben Gesetzmäßigkeiten. Beide blicken in den seelischen Abgrund. Fridolins nächtliche Erfahrungen und seine Nachforschungen bei Tag rahmen Albertines Traum ein. Bei beiden Eheleuten werden die Wirklichkeitswahrnehmung geschärft und die Fähigkeiten zum Verstehen und Verzeihen gefördert.

Menschenbild: Fridolin ist durch die sozialen Rollen des Arztes und des Ehemanns deutlich charakterisiert. Er repräsentiert ebenso wie Gustl in Schnitzlers Erzählung *Lieutenant Gustl* einen Menschentypus, bei dem zwischen der Oberfläche und dem inneren Zustand zu unterscheiden ist. Der angesehenen gesellschaftlichen Stellung entsprechen innere Leere und Feigheit. Darüber ist sich die Person durch nächtliche Erlebnisse im Klaren, und in inneren Monologen sucht sie nach Auswegen aus einer existenziellen Krise.

Beide Erzählungen weisen eine Nähe zu Schnitzlers Biografie auf. Schauplatz ist beide Male Wien, das in der Konkretheit der Angaben über Straßen und Gebäude ebenso gegenwärtig ist wie in der Atmosphäre der Dekadenz und des Todes.

Wirklichkeit: Die Gute-Nacht-Geschichte, die das Kind zu Beginn der *Traumnovelle* liest, führt im Stil der *Erzählungen aus tausendundeiner Nacht* das Märchenhafte und das Motiv des Erzählens ein. Die Elemente der Lektüre werden in Albertines Traum leitmotivisch wieder aufgenommen, und märchenhafte Züge sind in Fridolins nächtlichen Erlebnissen gegenwärtig. Das Erzählen des Erlebten und Geträumten bewahrt die Gemeinschaft der Ehepartner und ermöglicht die Fortführung der Ehe. Neben das Wirken des Guten, des Schicksals tritt die Gegenwart des Märchenhaften im Alltag. Die Wirklichkeit stellt sich in Realität, Traum und Märchen dar, ohne sich darin zu erschöpfen.

Verfilmung: Kubricks Film *Eyes Wide Shut* lehnt sich eng an Schnitzlers *Traumnovelle* an. Er teilt das Interesse an der Eheproblematik, am Phänomen des Traums und der Wirkung des Atmosphärischen. Schnitzlers literarische Gestaltung der Novelle drängt zur filmischen Darstellung; der Einsatz filmspezifischer Mittel wie Bild und Musik bewirkt eine suggestive Visualisierung. Durch die Übertragung in die Gegenwart wird einerseits auf Wirkungsmöglichkeiten verzichtet, andererseits werden Zugänge deutlicher herausgearbeitet. **Siehe dazu auch Kapitel 4 dieses Bandes!**

Wissenschaftliche Interpretationsansätze

Hans Joachim Schrimpf[24] ist überzeugt, dass dem Werk Schnitzlers eine zentrale **Thematik** zugrunde liegt. Ausgehend von dem Titel *Traum und Schicksal* eines 1931 von Schnitzler herausgegebenen Erzählbandes, der auch die *Traumnovelle* enthält, stellt H. J. Schrimpf fest, „dass es Schwerpunkte der Thematik gibt, die sich offen oder in verhüllender Maskierung überall geltend machen und dass sich etwas wie eine Struktur der Schnitzlerschen Erzähltechnik erkennen lässt, die in vielfacher Abwandlung doch analog wiederkehrt"[25]. Durch die Begriffe „imaginative Erfahrung" und „Existenzverwirklichung" will er Schnitzlers Grundthematik genauer erfassen als mit der zuvor üblichen Bezeichnung „Tod und Eros".

Imaginative und reale Wirklichkeiten

Im Vergleich mit der Erzählung *Die Hirtenflöte* leitet er ein „Modell der Erzähltechnik" her. Danach geht es bei Schnitzler zum einen um

> *„das Ereignis des Fremdwerdens, der Vorgang, wie das Vertraute ins Unvertraute, die Sicherheit des Wirklichen in das ungesichert Unheimliche des Möglichen umschlägt. Zum anderen das experimentierende Spiel mit den Möglichkeiten der menschlichen Seele, die fast allen Schnitzler'schen Erzählungen den novellistisch pointierenden Charakter einer psychologischen Erprobung gibt. In entscheidungsgeladenen Ausnahmesituationen oder in Abfolgen von Krisenstadien eröffnet sich ein Einblick in seelische Tiefenschichten, die die Einheit und Geschlossenheit der Person, ihre Kontinuität durch scheinbare Selbstbestimmung radikal in Frage stellt. Dabei ist es von sekundärer Bedeutung,*

24 Schrimpf, Hans-Joachim: *Arthur Schnitzlers ‚Traumnovelle'*, Zeitschrift für deutsche Philologie, Bd. 82, Nr. 2, S. 172–192, 1963.

25 Ebd., S. 173.

wie die Erzählfiguren aus der Erprobung hervorgehen, ob sie versagen, ob der Tod die letzte Station ist, ob sie zum Bewusstsein ihrer eigenen unheimlichen Möglichkeiten gelangen – entscheidend ist, dass der Leser zur Einsicht in den dunklen Abgrund unbekannter seelischer Verläufe gebracht wird. Dieser Abgrund erscheint nicht undifferenziert als Chaos, sondern als ein grenzenloser Raum mit seiner eigenen rätselhaften Gesetzmäßigkeit, nach der sich alogisch und assoziativ Antriebe und Reaktionen von Augenblick zu Augenblick wandeln."[26]

„Handlungsvorwurf" ist in der *Traumnovelle*

„die Entfremdung eines sich in scheinbar gesicherter Liebe und Treue ergebenen Ehepaares durch die Ahnung dunkler, unrealisierter Möglichkeiten. Die schillernden, unmerklichen Übergänge zwischen Wahrheit und Traum, Wirklichkeit und Imagition hat Schnitzler selten in einer solchen zugleich plastisch-bildhaften und gespenstisch-unheimlichen Verdichtung zu gestalten vermocht wie in der ‚Traumnovelle'. Es gelang ihm umso überzeugender, als er hier ganz auf die Darstellungsmittel des Wunderbaren und Legendären verzichtet, den Boden der realistischen Gegenwartserzählung an keiner Stelle verlässt und alle surreale Phantastik der Vorgänge aus der alltäglichen Wirklichkeit selbst zieht."[27]

H. J. Schrimpf untersucht eingehend das Verhältnis der beiden Eheleute und die dichterische Gestalt der Novelle in **Aufbau**, **Atmosphäre** und Darstellung der **Wirklichkeit**. Rückblickend ist festzustellen, dass beide Erfahrungen gemacht haben, die ihnen die Fortsetzung der Ehe mit geschärftem Bewusstsein für ihre Gefährdung ermöglicht.

26 Ebd., S. 176.
27 Ebd., S. 177.

„Fridolin erlebt Fremdes im gegenwärtig Wirklichen, aber seine Abenteuer brechen vor der Verwirklichung ab. Albertine jedoch erfährt gegenwärtig Reales in der Fremde des Traums – und bei ihr ist das Mögliche in der Imagination verwirklicht. Er ist den Lockungen tatsächlich gefolgt, aber sie hat, indem sie träumte, realisiert, was er nur wollte. So ist es Albertine, die sich dem Schicksal dankbar dafür weiß, dass sie aus den wirklichen und den geträumten Abenteuern heil davongekommen ist. Die Schicksalserfahrung, die den beiden in ihrer qualvollen Entfremdung zuteil geworden ist, bedeutet hier Selbstverwirklichung durch Bewusstwerden."[28]

Wirklichkeit und Schicksal

Mit der *Traumnovelle* schaffe Schnitzler nicht nur eine „Sozialpathographie seiner Zeit"[29], sondern er gestalte eine vertiefte Sicht von Wirklichkeit und Schicksal: „Der Künstler Schnitzler spielt mit Menschenseelen, um das rätselhafte und unenträtselbare Ineinander imaginativer und realer Wirklichkeiten, den fließenden Strom des Möglichen unter dem schwachen Floß des Verwirklichten, den kein bergendes Gehäuse in sich fassen kann, zur Erscheinung und zum Bewusstsein zu bringen."[30] Die gewonnene vertiefte Sicht ist nicht nur für den Leser, sondern auch für den Autor selbst heilsam. „Schnitzlers Novellen nicht weniger als seine Theaterstücke sind Spiel, unparteiliches Spiel mit Menschenseelen, aber ein sehr ernstes, dekuvrierendes Spiel, nicht eines überlegen-distanzierten Weisen, sondern eines Hineinverstrickten, Engagierten und Leidenden, der nur die künstlerische Form hat, sich freizuspielen."[31]

28 Ebd., S. 184 f.
29 Ebd., S. 172.
30 Ebd., S. 189.
31 Ebd., S. 192.

William H. Rey[32] ordnet Schnitzlers *Traumnovelle* in einem Aufsatz aus dem Jahr 1962 in den Zusammenhang der österreichischen Literatur- und Geistesgeschichte ein. Der Titel des Textes

> *„erinnert an Grillparzer und Calderon und damit an den Strom der barocken Tradition in der österreichischen Literatur – einer Tradition, die nicht nur bei Schnitzler, sondern stärker noch bei seinem jüngeren Freund und Weggefährten Hofmannsthal lebendig wird. Daneben kommt uns der Name eines anderen Zeitgenossen in den Sinn, der zugleich mit Schnitzler seine ersten Erkundungen im Reich der Träume unternahm: Sigmund Freud."*[33]

In der Novelle sieht er ein **Leitmotiv**, „das in immer neuen Variationen immer wiederkehrt, obwohl die Grundkonstellation gewahrt bleibt, nämlich die Konfrontierung des Traums mit der Wirklichkeit, der Nachtwelt des Eros, des Abenteuers, des Spiels und des Todes mit der Tagwelt des Ethos, der Ordnung und der Beständigkeit."[34]
Aus dem Anfangskapitel leitet er zwei **Untersuchungsfragen** ab:

> *„1. Kann sich die Ehe als sittliche Ordnung gegen den Einbruch des elementaren Triebes behaupten?*
> *2. Liegt dem Sich-Finden der Ehepartner ein tieferer Sinn zugrunde – oder ist es nur Zufall und daher ohne moralische Verpflichtung? Damit ist die Frage nach der Möglichkeit der Freiheit und des Guten, das heißt nach der Würde des Menschen gestellt."*[35]

32 Rey, William H.: *Das Wagnis des Guten in Schnitzlers ‚Traumnovelle'*, The German Quarterly, Bd. 35, S. 254–264, 1962.
33 Ebd., S. 254 f.
34 Ebd., S. 255.
35 Ebd., S. 256.

An vielen Stellen in der Novelle findet William H. Rey Belege für die Anwesenheit und Wirkung des **Guten**. Es befähige die Eheleute zum verzeihungsvollen Verständnis füreinander.

> *„Es bleibt zu betonen, dass die Bereitschaft Albertines und Fridolins zur vergebenden Liebe, die Bereitschaft zum Guten, auf einem Akt der Freiheit beruht. Durch ihre Haltung wird die freie Opfertat der Unbekannten in Fridolins Abenteuer bestätigt und besiegelt. Denn auch hier spielt weder der blinde Zufall, noch die blinde Notwendigkeit eine wesentliche Rolle. Vielmehr führt der Verlauf des Abenteuers und des Traumes auf eine solche Entscheidung zu. Was meint Albertine also, wenn sie sagt, man müsse ‚dem Schicksal dankbar sein'? Gewiss kann hier nicht mehr von einem ‚unfassbaren Wink des Schicksals' die Rede sein, der den Menschen ins Weglose weht. Unsere Analyse hat gezeigt, dass in dieser Erzählung ein anderes Schicksal waltet, ein Schicksal, das dem Menschen zumindest die Chance der Freiheit, und damit der Selbstverwirklichung in einem höheren Leben gibt. Dieses höhere Leben, am Schluss angedeutet durch den ‚sieghaften Lichtstrahl' und das ‚helle Kinderlachen', ist freilich nie völlig gesichert. Viel vorsichtiger und zurückhaltender in diesen letzten Dingen als etwa Hofmannsthal, ist Schnitzler nicht bereit, die Menschenfreundlichkeit des Schicksals zu garantieren. Was immer die Zukunft bringen mag, bleibt daher auch hier offen. Aber wir haben dennoch allen Grund zu der Annahme, dass das Wagnis des Guten nicht vergebens unternommen wird: Es eröffnet den Zugang zu einem Bereich menschlicher Erfüllung, der den Tiefen abgerungen ist."*[36]

Das der Novelle zugrunde liegende **freiheitliche Menschenbild** mache demnach ihre überdauernde Qualität aus.

36 Ebd., S. 264.

In seiner im Jahr 1968 erschienen Studie[37] legt **William H. Rey** den Schwerpunkt seiner Untersuchung zur *Traumnovelle* auf die **Thematik der Ehe**. Schnitzler bemühe sich,

> *„das gleiche Problem unter immer neuen Voraussetzungen und in immer neuen Perspektiven darzustellen. Gewiss, die meisten der von ihm geschilderten Fälle enden mit der Einsicht in die Fragwürdigkeit ehelicher Beziehungen. Zugleich aber wird deutlich, dass Schnitzlers Skepsis ein geheimes Wissen um die gültige Norm voraussetzt. […] So versteckt sich auch in Schnitzlers kritischen Eheanalysen die Sehnsucht nach einer Erfüllung, die jenseits des Scheiterns liegt."*[38]

Wirkung des Guten

In einer eingehenden Analyse der Novelle sieht er im Wirken des Guten die Ursache für die Fortführung der Ehe. „Schnitzler kommt es gerade darauf an zu zeigen, wie das Triebhafte ins Sittliche umschlägt."[39] Beide Ehepartner bleiben, während sie sich voneinander entfernen und ihre Erfahrungen machen, aneinander gebunden.
Fridolin macht seine Erfahrungen während der Nacht:

> *„In dem Chaos der Nacht hat er die Ordnung des Tages, im Spiel des Zufalls das Schicksal, in der Freiheit der Traumwelt die Bindung, in der unbekannten Abenteurerin die Gattin gefunden. Damit ist für ihn der Gegensatz zwischen Eros und Ethos zwischen Es und Ich aufgehoben. Mit der Vereinigung des Gegensätzlichen in seiner eigenen Person ist er wahrhaft zu sich selbst gekommen. Diese Selbstverwirklichung jedoch ist nur möglich durch die Bindung des Ich an ein Du."*[40]

---

37 Rey, William H.: *Arthur Schnitzler. Die späte Prosa als Gipfel seines Schaffens*, Erich Schmidt Verlag, Berlin, 1968.
38 Ebd., S. 97.
39 Ebd., S. 112.
40 Ebd., S. 113.

Auch Albertine bleibt an Fridolin gebunden:

„Albertine also hat die inneren Widersprüche des komplexen Phänomens Liebe erfahren, von der Lust bis zum Hass, aber immer im Zusammenhang mit Fridolin. In diesem Sinne ist sie ihm noch in ihrer Untreue treu geblieben, und der Traum der Gattin bestätigt das Unerwartete: die Unauflösbarkeit ihres Verhältnisses zu dem Gatten. Ironischerweise führt auch hier die erotische Ungebundenheit des Traumes zu einer Verstärkung der persönlichen Bindung der Träumerin."[41]

Der **Symmetrie** der beiden Eheleute mit ihren vergleichbaren Erfahrungen und Einsichten entspreche der künstlerische Aufbau des Textes:

„Die Symmetrie des Aufbaus und die zyklische Handlungsführung sind leicht zu erkennen. Die Abschnitte eins und sieben entsprechen einander, denn sie formulieren Frage und Antwort. Die Abschnitte zwei und drei einerseits und sechs andererseits haben die Funktion der Überleitung von der Oberwelt zur Unterwelt und umgekehrt. Sie flankieren das Zentrum, das aus Abschnitt vier und fünf gebildet wird und ganz der Unterwelt, in doppelter Perspektive, gewidmet ist. Die Kreisstruktur der Erzählung zeigt sich besonders durch die Gestalt des Kindes, das sowohl Anfang wie Ende bestimmt. Aber auch hier ist der Stimmungsunterschied bedeutsam. Mit der abendlichen Vorlesung des orientalischen Märchens zu Beginn wird das ‚romantische' Abenteurermotiv schon vorweggenommen; das helle Lachen am Schluss dagegen verkündet den ‚klassischen' Tag."[42]

41 Ebd., S. 114.
42 Ebd., S. 123.

Traum als Erkenntnismittel

Hartmut Scheible[43] untersucht die **Funktion des Traums** bei Schnitzler. Ebenso wie William H. Rey ist er der Auffassung, dass Albertines Traum „ein Schulbeispiel für die psychoanalytische Traumtheorie"[44] ist. Allerdings habe Schnitzler nicht Freuds Traumtheorie in die Literatur übertragen, sondern er nutze die Kenntnis der Wirkungsweise von Träumen für eine Bestandsaufnahme des Verhältnisses zwischen Albertine und Fridolin.

In Albertines Traum sieht Scheible einen Protest gegen die „fürsorgliche Art der Unterdrückung"[45], während er Fridolins nächtliche Erlebnisse als „eine Reise zu den Ursprüngen der bürgerlichen Gesellschaft"[46] bezeichnet.

Die Träume beider Eheleute würden sich ergänzen und auf Widersprüche zwischen Individuum und Gesellschaft verweisen: „Auch Fridolins Weg in die verborgenen Tiefen der bürgerlichen Gesellschaft lässt den Widerspruch zwischen Allgemeinem und Besonderem, zwischen gesellschaftlicher Organisation und Individuation, hervortreten: daher der mit den verschiedenen Stationen sich verstärkende Traumcharakter seiner Erlebnisse."[47]

In die *Traumnovelle* ist nach einer anderen Studie Hartmut Scheibles[48] Schnitzlers Interesse am Traum als psychologischem Erkenntnismittel eingegangen. In der Form der Novelle sei die gefühlsmäßige Zuneigung der Eheleute füreinander bewahrt, die den Figuren im Verlauf ihrer Ehekrise schwinde:

43 Scheible, Hartmut: *Arthur Schnitzler und die Aufklärung*, Wilhelm Fink Verlag, München, 1977.
44 Ebd., S. 75.
45 Ebd., S. 77.
46 Ebd., S. 84.
47 Ebd., S. 83.
48 Scheible, Hartmut: *Liebe und Liberalismus. Über Arthur Schnitzler*, Aisthesis Verlag, Bielefeld, 1996.

> *„Es ist die Funktion der Form der Novelle, auf die intakte affektive Basis selbst dann noch zu verweisen, wenn diese den Gestalten selbst abhanden zu kommen droht; die zahllosen Entsprechungen, Parallelismen und Verweise in der Novelle – sie führte, während Schnitzler an ihr schrieb, den Arbeitstitel Doppelnovelle – in der es kein Handlungselement gibt, das isoliert bliebe, stehen für den immer vorausgesetzten Zusammenhalt der Gestalten."*[49]

Dadurch bestehe die Möglichkeit zur Fortführung der Ehe. Diese Chance freilich müssten sich die Figuren erarbeiten.
Albertines Traum wird interpretiert als „das Bedauern über die viel zu früh vollzogene Heirat"[50] und den damit verbundenen Verlust an Selbständigkeit. Albertines Traum offenbare männliches Besitzstreben und Entpersönlichung der Frau durch männliche Fürsorge.
Fridolins reale Erlebnisse seien traumhafter Art. Den Erlebnissen ist das **Versagen der Erfüllung** gemeinsam. Dadurch bleibe er mit der Gesellschaft verbunden. „Wenn Triebverzicht der Preis der Vergesellschaftung der Menschen ist, dann kann die Tatsache, dass alle Unternehmungen Fridolins durch Versagung abgebrochen werden, nur bedeuten, dass er, wie tief er auch unter die Oberfläche der gesellschaftlichen Ordnung eintritt, dennoch im sozialen Bereich befangen bleibt."[51]
In der Darstellung der geheimen Gesellschaft sieht Scheible „alle Merkmale eines seine Errungenschaften zurücknehmenden Bürgertums."[52]
Albertines Traum „setzt die Analyse fort, die in Fridolins Erlebnissen zwar angelegt, jedoch nicht zu Ende geführt sind."[53] Der

49 Ebd., S. 178 f.
50 Ebd., S. 180.
51 Ebd., S. 185.
52 Ebd.
53 Ebd., S. 187.

Traum bringe hervor, was durch Sprache nicht erfasst werden könne. Albertines Traum sei die Voraussetzung dafür, dass Fridolin sich seine Erlebnisse von der Seele reden kann.

Darstellung des Arztes

Michaela L. Perlmann[54] untersucht Schnitzlers Darstellung des Arztes. Nicht nur in der *Traumnovelle*, sondern auch in vielen anderen Werken seien Ärzte vertreten und würden überwiegend kritisch dargestellt. Die Überlegenheit des Arztes und seine Furcht vor Ansteckung seien vor dem Hintergrund des „therapeutischen Nihilismus" (Johnston) der Zeit zu sehen. Die Diagnose sei wichtiger als die Therapie gewesen. Für Schnitzler sei die Nähe von **Eros und Tod** bezeichnend, die auch in Freuds Psychoanalyse relevant ist.
In Bezug auf das Verhältnis der Geschlechter unterstützt Perlmann die Auffassung Scheibles von der „**Asymmetrie**". Beide Eheleute würden die freigesetzten Triebwünsche im Alltag auf unterschiedliche Weise verarbeiten: „Fridolin begibt sich als aktiv Arbeitender und Forschender in die Abenteuer der Nacht, Albertine erfährt deren Befriedigung im Traum und damit in geschlechtstypischer Passivität."[55] Ihre menschliche Überlegenheit mache es möglich, dass am Ende beide wieder zusammenkämen, wenngleich mit unsicherer Zukunft.

Darstellung des Bürgertums

Die Darstellung von Fridolins Erlebnissen in der geheimen Gesellschaft sieht Perlmann ebenso wie Scheible als verschlüsselte „Darstellung der Situation des machtlosen liberalen Bürgertums in einer feudalistisch-katholisch geprägten Gesellschaft"[56].

54 Perlmann, Michaela L.: *Arthur Schnitzler*, Verlag J. B. Metzler, Stuttgart, 1987.
55 Ebd., S. 156.
56 Ebd., S. 157.

Die Bedeutung der Psychoanalyse und die Intention Schnitzlers sieht Perlmann darin, dass die Kenntnis der Arbeitsweise des Traums der künstlerischen Darstellung dient:

> *„Dass gerade in Albertines verschlüsselten Traumbildern tiefenpsychologische Sachkenntnis zum Ausdruck kommt, ist offensichtlich; bei genauerer Prüfung treten Übereinstimmungen mit der Psychoanalyse allerdings in ihrer Bedeutung zurück hinter die artistische Elaboriertheit, die eine unheimlich anmutende Parallelität der beiden Erlebnisse herausarbeitet."*[57]

Es gehe Schnitzler darum, „die Bedeutung des Traums da als Medium der Selbsterkenntnis zu rehabilitieren, wo eine offene Aussprache nicht mehr möglich ist"[58].

Michael Scheffel[59] stellt, vom Anfang der Novelle ausgehend, fest, dass **Märchenhaftigkeit** und **Erzählen** den Charakter von Schnitzlers *Traumnovelle* bestimmen:

> *„Hier wie dort finden sich die Motive der Nacht, der Einsamkeit, der Reise und des Abenteuers. Mit dem durch einen Absatz optisch hervorgehobenen Fragment einer Geschichte in der Geschichte führen die ersten Sätze der Traumnovelle neben dem Motiv des Buches im Buch aber auch die im folgenden zentralen Motive des Märchens und des Erzählens in die Erzählung ein."*[60]

Scheffels Ansatz lenkt den Blick auf viele Gespräche und Erzählungen der Eheleute, Binnen- und Rahmenerzählungen, mit unterschiedlichen Erzählperspektiven. Indem er

Künstlerische Funktion des Traums

57 Ebd., S. 158 f.

58 Ebd., S. 159.

59 Scheffel, Michael: *„Ich will dir alles erzählen". Von der „Märchenhaftigkeit des Alltäglichen" in Arthur Schnitzlers ‚Traumnovelle'*, Text und Kritik, Heft 138/139, 1998.

60 Ebd., S. 124.

das Erzählen und die Märchenhaftigkeit betont, erarbeitet er Schnitzlers eigenständigen künstlerischen Umgang mit dem Traum:

> *„Die von Schnitzler in einem Zeitraum der schweren persönlichen Krise ausgearbeitete ‚Traumnovelle' enthüllt die ‚Märchenhaftigkeit des Alltäglichen', indem sie mit Hilfe des Erzählens sowohl ihren Figuren als auch ihrem Leser – neben der Doppelbödigkeit der zeitgenössischen Sexualmoral – die Realität eines ‚Zwischenlandes' erschließt. Dabei versucht Schnitzler, seinen Leser (und wohl auch sich selbst) von der bitteren Einsicht in das ‚Kernlose des Lebens' zu entlasten, indem er – nicht zuletzt in bewusstem Gegensatz zur Freud'schen Psychoanalyse – auf alle Dogmatik verzichtet und den Freiraum, den das fiktionale Erzählen eröffnet, seinerseits erkennbar nach den poetologischen Regeln eines Märchens gestaltet."*[61]

Lesart

Durch die Märchenhaftigkeit sei der Text mit einer zeitgenössischen Diskussion zwischen Hugo von Hofmannsthal (*Märchen der 672. Nacht*), Leopold Andrian (*Garten der Erkenntnis*) und Richard Beer-Hofmann (*Tod Georgs*) verbunden. Daher könne Schnitzlers *Traumnovelle*, deren erste Anfänge bis 1907 zurückreichen, nach Scheffel auch als später Beitrag dazu gelesen werden.

Materialien von Schrimpf, Rey, Scheible, Perlmann und Scheffel siehe auch Kapitel 5 dieses Bandes.

61 Ebd., S. 133.

3. Themen und Aufgaben

Die Seitenangaben zur Textgrundlage beziehen sich auf die Reclam-Ausgabe der *Traumnovelle*, die der Lösungshilfen auf die vorliegende Erläuterung.

Thema 1: Ehe

- Stellen Sie Ursachen, Ablauf und Lösung der Ehekrise von Fridolin und Albertine dar.
- Erarbeiten Sie die unterschiedlichen Wahrnehmungs- und Verhaltensweisen der beiden Protagonisten.
- Ordnen Sie die Darstellung der Ehe in den historisch-soziologischen Zusammenhang ein.
- Vergleichen Sie Schnitzlers Auffassung der Ehe mit einer anderen Ihnen bekannten literarischen Darstellung der Ehe.

Textgrundlage: S. 12 f., 21, 32, 42, 67, 77 f., 95–97
Lösungshilfe: S. 27, 30, 43–52, 53–58, 84, 92, 98, 100, 104, 115

Thema 2: Traum

- Interpretieren Sie Albertines Traum.
- Vergleichen Sie den Traum mit Fridolins Erlebnissen.
- Diskutieren Sie die künstlerische Gestalt des Traums vor dem Hintergrund von Freuds Traumtheorie.

Textgrundlage: S. 58 ff., 97
Lösungshilfe: S. 29, 45, 48, 66–69, 85–86, 92, 102–104, 105, 114, 117, 119

Thema 3: Aufbau

- Stellen Sie den Aufbau der *Traumnovelle* dar.
- Vergleichen Sie, ausgehend von der Gliederung der *Traumnovelle*, die Erfahrungen der beiden Hauptpersonen.
- Untersuchen Sie die Leistungen des Aufbaus des Textes für die Darstellung der Ehethematik.
- Erörtern Sie die Eignung der Bezeichnungen „Doppelnovelle" und „Traumnovelle" für Schnitzlers Text.

Textgrundlage:
S. 11, 14 ff., 42, 58, 67 ff., 97
Lösungshilfe:
S. 43–47, 93, 101

Thema 4: Menschenbild

- Untersuchen Sie, was der Arztberuf für Fridolin bedeutet.
- Bestimmen Sie die Bedeutung von Ehe und Familie für Fridolin.
- Vergleichen Sie die Darstellung Fridolins mit der Gustls in Schnitzlers Erzählung *Lieutenant Gustl*.

Textgrundlage:
S. 23 f., 73 f.
Lösungshilfe:
S. 28, 49, 50, 63, 93, 99, 104

Thema 5: Wirklichkeit

- Interpretieren Sie den Beginn der *Traumnovelle*.
- Untersuchen Sie die Funktion des Erzählens und des Märchenhaften im Text.
- Erarbeiten Sie Schnitzlers Begriff der Wirklichkeit vor dem Hintergrund der zeitgenössischen Diskussion über das Märchen.

Textgrundlage:
S. 5, 7, 11, 61, 97
Lösungshilfe:
S. 34, 43, 80, 94, 105, 120

Thema 6: Verfilmung

- Vergleichen Sie die Darstellung des nächtlichen Besuchs der männlichen Hauptfigur in der Villa bei Schnitzler und Kubrick.
- Erarbeiten Sie die eingesetzten filmischen Mittel.
- Erörtern Sie die Problematik der Verfilmung von Literatur am Beispiel von Schnitzlers *Traumnovelle*.

Textgrundlage:
S. 42 ff.
Lösungshilfe:
S. 94, 111–113

4. Rezeptionsgeschichte und Verfilmung

Die Rezeption der *Traumnovelle* schwankt zwischen Extremen. Schnitzler fand mit ihr bei den Zeitgenossen Beachtung und bei den heutigen Lesern viel Anerkennung. Er wurde aber auch abgelehnt, bekämpft, nicht beachtet und verfemt.
Sein letzter großer Erfolg war die 1924 erschienene Erzählung *Fräulein Else* gewesen. Daran konnte die *Traumnovelle* trotz guter Kritiken nicht anknüpfen. Schon seit den zwanziger Jahren galt er als „Dichter einer versunkenen Welt" (H. Scheible). In den Zeiten des Nationalsozialismus waren Schnitzlers Werke verboten.
Die wissenschaftliche Rezeption setzte erst wieder in den sechziger Jahren des 20. Jahrhunderts ein. Sie konzentrierte sich auf die künstlerische Gestalt und die geschichtliche Einordnung des Werks. Später trat die Untersuchung einzelner Motive und Aspekte hinzu und lenkte den Blick auf Schnitzlers eigenständige moderne Wirklichkeitserfassung. Siehe dazu auch Kapitel 2.7 dieses Bandes.
Eine Verfilmung der Novelle, die schon einmal zu Lebzeiten Schnitzlers geplant war und nicht zustande kam, wurde 1999 ein Welterfolg.
Im Folgenden werden einige zeitgenössische Äußerungen kurz charakterisiert.

Paul Wiegler, Schnitzlers Lektor, betont in einer Rezension 1926 die durch die Lektüre der Novelle vermittelten Lesereize: das Wiener Lokalkolorit, die Nähe zur Psychoanalyse, die schwüle Atmosphäre.[62]

62 Wiegler, Paul: *Schnitzlers ,Traumnovelle'*, Die Neue Rundschau, 37, 1926, S. 335 f.

Friedrich Düsel[63] betrachtet die *Traumnovelle* als „heimliche Huldigung" für Freud, der nur mit einer knappen Bemerkung auf das Erscheinen des Textes reagiert: „P.S. über Ihre *Traumnovelle* habe ich mir einige Gedanken gemacht."[64]
Ein weiterer Rezensent hält den Text für „ein großes Kunstwerk", das stilistisch an Kleist erinnere und thematisch neben E. T. A. Hoffmann bestehen könne.[65]
Dagegen nimmt eine andere zeitgenössische Rezension im Jahr 1927 Anstoß an der Darstellung. Die unübersehbaren künstlerischen Fähigkeiten des Novellisten werden gegen ihn verwendet, weil „die Verwirrung der Gefühle [...] im Wirbel des Geschehens mit einer geradezu diabolischen Virtuosität das Blut auf sündige Siedehitze bringen will." Dadurch werde die „Verwirrung im Gefühlsleben des modernen Menschen" vergrößert.[66]

Kubricks Verfilmung

Stanley Kubrick (1928–1999) erwarb bereits 1969, 30 Jahre vor der Uraufführung des Filmes, die Rechte an Schnitzlers *Traumnovelle*. Unter dem Titel *Eyes Wide Shut* kam er 1999 als sein letzter Film in die Kinos.
Schnitzler war dem Medium Film gegenüber sehr aufgeschlossen, und mehrere seiner Werke wurden verfilmt. Dabei galt sein Interesse mehr dem Stummfilm. Dem Tonfilm stand er reserviert gegenüber.

---

63 D[üsel], F[riedrich]: [Sammelrezension], Westermanns Monatshefte, 140, 1926, S. 577 f. [nach Heizmann, Bertold: *Arthur Schnitzler ‚Traumnovelle'*, Reclam Verlag, Stuttgart, Erläuterungen und Dokumente, Bd. 16054, 2006, S. 80 f.].

64 Freud, Sigmund: *Briefe an Arthur Schnitzler,* Die Neue Rundschau, 66, 1955, S. 100.

65 Leontion: *Arthur Schnitzler, ‚Traumnovelle'*, Freie Welt, 7, 1926, S. 26 f. [nach Heizmann, Bertold, S. 81 f.].

66 Dr. Keulers: *Verwirrung der Gefühle*, Der Gral, 21, 1927, S. 317 f. [nach Heizmann, Bertold, S. 83].

5. Materialien

Hans-Joachim Schrimpf bestimmt 1963 das Verhältnis von imaginativer Erfahrung und Existenzverwirklichung in der *Traumnovelle*. Er hält die Begriffe für besser geeignet als „Tod" und „Eros", um die dem Werk Schnitzlers zugrunde liegende Thematik zu untersuchen. Im Rückblick charakterisiert Schrimpf die Erfahrung der Eheleute und bestimmt das Verhältnis von Traum und Wirklichkeit folgendermaßen:

„Vom schwankenden, ungesicherten Verhältnis zwischen Traum und Realität ist dann allein die Rede in den wenigen Worten, mit denen die Eheleute wieder zusammenfinden: von der imaginativen Verformung des Wirklichen und von der Wirklichkeit der imaginativen Erfahrung des Traums. Denn auf dem Grund ihrer intensivsten Begegnung durch Entfremdung liegt das Grauen einer zutage getretenen Erkenntnis: dass in der Wirklichkeit die gespenstische Fratze eines tödlichen Wahrtraums verborgen liegt, und dass umgekehrt der Traum sich zu einer unheimlichen Realität zu verdichten vermag. Ja der Ernst und die Tücke des Imaginativen können gefährlicher sein als das Reale. Fridolin erlebt Fremdes im gegenwärtig Wirklichen, aber seine Abenteuer brechen vor der Verwirklichung ab. Albertine jedoch erfährt gegenwärtig Reales in der Fremde des Traums und bei ihr ist das Mögliche in der Imagination verwirklicht. Er ist den Lockungen tatsächlich gefolgt, aber sie hat, indem sie träumte, realisiert, was er nur wollte. So ist es Albertine, die sich dem Schicksal dankbar dafür weiß, dass sie aus den wirklichen und den geträumten Abenteuern heil davongekommen sind, weil sie ahnt, ‚dass die Wirklichkeit einer Nacht, ja dass nicht einmal die eines ganzen Menschenlebens zugleich auch seine innerste Wahrheit bedeutet'. Die Schicksalserfahrung, die den bei-

den in ihrer qualvollen Entfremdung zuteil geworden ist, bedeutet hier Selbstverwirklichung durch Bewusstwerden."[67]

William H. Rey untersucht 1968 die Ausgestaltung des Ehethemas bei Schnitzler:

„[...] hier werden wesentliche Leitmotive, die frühere Dichtungen angeschlagen haben, voll ausgeführt und in eine klassische Form eingefügt. Jede Darstellung der Ehe hat es ja mit zwei Partnern zu tun, einem männlichen und einem weiblichen, deren Gemeinschaft bedingt ist durch den sich ergänzenden Gegensatz des Geschlechts. Eigentlich liegt es also in der Natur der Sache, die Krise dieser Grundpolarität des Menschlichen künstlerisch zu gestalten nach dem Prinzip der polaren Entsprechung. Das bedeutet, dass beide Ehepartner die gleichen Erfahrungen machen. Beide werden der erotischen Versuchung ausgesetzt und erliegen ihr, damit sie sich gegenseitig schuldig fühlen und an dieser Schuld leiden. Das gemeinsame Leiden führt zum gegenseitigen Vertrauen und Bekenntnis. Jetzt erst stellt sich die echte Kommunikation ein, die den Akt des gegenseitigen Verzeihens ermöglicht. Verzeihen aber setzt die Bereitschaft zum Opfer voraus, und nur aufgrund dieser beiderseitigen Opfergesinnung kann sich die Ordnung der Ehe bewähren gegen die chaotischen Mächte des Triebes.

Damit ist das Schema umrissen, das der ‚Traumnovelle' zugrunde liegt. Damit ist auch schon gesagt, dass es sich hier nicht nur um ein individuelles Ehedrama handelt, sondern um einen Vorgang von repräsentativer Bedeutung. Was Schnitzler hier gestaltet, ist nichts Geringeres als die Rettung der Gattenliebe vor dem Angriff der seelischen Unterwelt. In die Welt des Tages, der Ordnung, der Sittlichkeit brechen die nächtlichen Gewalten des Eros ein. Das Bewusste sieht sich bedroht von dem Unbewussten. In einer Zeit, die die Übermacht des Es über das Ich predigt, wagt es Schnitzler,

67 Schrimpf, S. 184 f.

seinen Glauben an die Welt des Tages zu gestalten. Der Einbruch der dunklen Mächte führt in seiner Erzählung nicht zum Triumph des Triebes, sondern zu einer Bewährung und Bereicherung der Gattenliebe, in der sich nun Eros und Caritas verbinden.
Könnte man Schnitzlers ‚Traumnovelle' also nicht als ein Welttheater in Prosa bezeichnen? Wie in den barocken Spielen treten die Grundmächte des Daseins auf die Bühne seiner Erzählung. Die Nacht steht gegen den Tag, Unterwelt gegen Oberwelt, Chaos gegen Ordnung, Traum gegen Wirklichkeit, Lust und Tod gegen Liebe und Leben. Diese Konfrontation erweckt die Erinnerung an Thomas Manns ‚Zauberberg'. Auch bei Schnitzler wird die romantische Verbindung von Liebe und Tod gesprengt. Auch seine Erzählung bedeutet das Bekenntnis zu einem Humanismus, der das Untere mit dem Oberen in der übergeordneten Einheit des Menschlichen verbindet und damit im Zeichen Goethes steht. Was er in ‚Traumnovelle' gestaltet, ist nichts anderes als eine moderne Version des uralten Mythos von der Versuchung und Rettung des Menschen – und zwar durch die Liebe."[68]

William H. Rey geht es um den Nachweis des Guten und seine Wirkung:
„Wie erstaunlich, dass ihn [Fridolin] dieser Mut zur Wahrheit und Verantwortung, dieser sittliche Ernst an so fragwürdigem Ort, in so fragwürdiger Gesellschaft überkommt! Wie ironisch, dass sein Heroismus sich nährt aus seiner Sehnsucht nach ‚ihrem duftenden Leib, ihrem rotglühenden Mund'! Aber Schnitzler kommt es gerade darauf an zu zeigen, wie das Triebhafte ins Sittliche umschlägt. Das gilt auch für die Unbekannte, die ja offenbar in dieser Unterwelt recht heimisch ist und also trotz ihrer Opfergesinnung keineswegs als ein Unschuldsengel gelten kann. Es gilt erst recht für eine Gestalt wie die Prostituierte Mizzi. In ihr findet die in sich

68 Rey, *Arthur Schnitzler. Die späte Prosa*, S. 98 f.

widersprüchliche Einheit vor Eros und Ethos ihren deutlichsten Ausdruck. Nicht von ungefähr will es Fridolin scheinen, dass dieses ‚verlorene' Mädchen von allen Wesen, die er in der Unterwelt getroffen, ‚das anmutigste, ja geradezu das reinste gewesen' sei. Schnitzler ist also weit entfernt von einem rigorosen Dualismus. Er enthüllt sich vielmehr als ein Kenner der Goethe'schen Weisheit, die das Helle und das Dunkle, das Gute und das Böse, das Höhere und das Niedere als komplementäre Aspekte des Menschlichen sieht."[69]

Hartmut Scheible sieht den Traum als psychologisches Erkenntnismittel und als Darstellung dessen, was in Sprache nicht mehr erfasst werden kann. Er untersucht das Verhältnis von Albertines Traum und Sprache in Bezug auf das Ende der *Traumnovelle*. Anknüpfend an die Darstellung Albertines mit hinter dem Kopf verschränkten Händen, schreibt er:

„Dieses Bild ist das innerste Leitmotiv der Novelle. Die Haltung, die für Albertine charakteristisch bleibt: nicht nur während Fridolins Erzählung, sondern auch während ihres Traumes, der Phase des tiefsten Eintauchens in eine archaische Welt, verbindet in unvergleichlicher Weise die rückhaltlose Preisgabe an die barbarische Vorgeschichte mit der Bewahrung individueller Autonomie noch in den gefährdetsten Augenblicken. Auch Fridolin identifiziert, ohne sich dessen bewusst zu werden, Albertine mit dieser Haltung: anders erscheint sie nie in seiner Vorstellung. Deshalb kann er, indem er den Weg seiner nächtlichen Erlebnisse noch einmal zurücklegt, diese als nichtig erfahren. Sie vergehen vor einer Rationalität, die nicht länger in Widerspruch steht zu den Affekten, sondern ihnen zu ihrer vollen Bedeutung verhilft, ohne sich ihnen zu unterwerfen. Schnitzlers Novelle weist insofern weit über die Darstellung eines

69 Ebd., S. 112.

einzelnen Falles hinaus; sie enthält die exemplarische – der auf die Gattung verweisende Titel hat hier seinen Grund – Vergegenwärtigung der möglichen Korrektur instrumenteller Vernunft, die nicht länger sich als bloßer Gegensatz zur Natur und damit als Mittel der Unterdrückung begreift. Fridolins Vorsatz ‚Ich will dir alles erzählen' kann deshalb zu unverstellter Verständigung führen, weil die Sprache – wenigstens für eine begrenzte Zeit – wieder jene Inhalte in sich aufgenommen hat, die durch den Prozess der Zivilisation aus ihr hinausgedrängt worden waren."[70]

Michaela L. Perlmann betont die „Asymmetrie" (H. Scheible) der Geschlechter bei der Verarbeitung ihrer Triebwünsche. Durch Albertines Überlegenheit wird die Überwindung der Ehekrise möglich:

„Zugleich auf Rache sinnend und mit dem unbewussten Vorsatz, das zerbröckelnde Wunschbild der sich unterwerfenden Gattin wiederherzustellen, stürzt Fridolin sich in die dem Bürger fern und fremd erscheinende Welt der Abweichung. Die Suche nach der opferbereiten Frau führt ihn von der sozialen Unterwelt der Prostituierten in die ausschweifende Orgie der upper class. In dem artifiziell geschaffenen Raum der geheimen Gesellschaft, in die er eindringt, kommt das Geschlechtsverhältnis symbolisch ritualisiert zur Abbildung. Der Zugang zu diesem Raum ist nur im geistlichen Kostüm, dem Sinnbild des vom Über-Ich repräsentierten Triebverzichts, möglich. […]

Anders als Fridolin akzeptiert Albertine in einem Traum, den sie während seiner Abwesenheit hat, die rauschhafte entgrenzende Massenorgie. Ihr Traum enthüllt die Frustration und Rachegelüste einer Ehefrau, die auf die Funktion der Dienenden festgelegt wird und deren triebhafte Bedürfnisse von ihrem Partner verkannt werden. Die Darstellung ihrer Beziehung, die mit der glanzvollen

70 Scheible, *Liebe und Liberalismus*, S. 188 f.

Ankunft des Verlobten als orientalischer Märchenprinz beginnt, führt geradewegs in die Folterkammer. In einer Wunscherfüllung kehrt sie die Rollen von Herrscher und Opfer um. Sie lässt Fridolin auspeitschen, schließlich sogar hinrichten. Sprechendes Bild der nicht erreichten Harmonie ist das Aneinander-Vorbeifliegen der Ehegatten. An diesem Punkt der Ehekrise angelangt, bleibt jedem Partner nur noch – so suggeriert der Traum –, seine eigenen Wege zu gehen. […] Durch Albertines Traumerzählung, ihre rückhaltlose Öffnung gegenüber dem ans Ehebett zurückgekehrten Gatten, erhält der Ehekonflikt neuen Zündstoff. Fridolins Rachepläne lassen sich mehr als Reaktion denn als Kompensation beschreiben. Er kann sich von seinen Souveränitätswünschen nicht lösen. Im Gegensatz zu seiner Tendenz zum Komödienspiel und zu widersprüchlichen Urteilen ist Albertine eine überlegene Pragmatikerin. Sie verzeiht auch dort, wo sie kaum auf eine vergleichbare Großzügigkeit rechnen kann. Nach der Katharsis, die beide durch ihre nächtlichen Abenteuer und die Aussprache erlebten, ist der Neuanfang möglich, doch bleibt die Ehe weiterhin gefährdet.“[71]

Der Traum gewährt dem Menschen nach dem psychoanalytischen Traumkonzept die Erfüllung seines Glücksanspruchs. Er verbindet ihn als Indivuduum mit den überdauernden kulturellen Triebkräften. Daraus folgert Michaela L. Perlmann:

„Dieser Idee des Eindringens hinter die Fassade des schönen Scheins und unter die Oberfläche der Tagwirklichkeit blieb Schnitzler bis in sein Spätwerk treu. Am Eigentlichen nimmt der moderne Mensch nur noch teil, wenn die Zensurinstanz, die dem Bewusstsein vorgeschaltet ist, umgangen wird; bewusstloses, ungetrübtes Glück ist nur noch im Traum erreichbar. Hier ist Albertine Teil des unendlich fließenden Lebensstroms, hier auch kann sie die Restriktionen

71 Perlmann, S. 156–158.

der Zivilisation ablegen und ihren angestauten Aggressionen gegen Fridolin ungezügelt Lauf lassen. Der Vorstoß zu den Quellen von Liebe und Hass bedeutet für Schnitzler mehr als das Aufstöbern der Probleme des Privaten, Individuellen. Archetypisch bilden sich Existenzstrukturen ab, die auch in den Mythen der abendländischen Kultur zum Ausdruck kommen. So verschmelzen in der sadomasochistischen Orgie der geheimen Gesellschaft psychopathologische Verhaltensmuster mit der christlichen Märtyreridee."[72]

Michael Scheffel legt bei der Deutung der Novelle das Gewicht auf das Erzählen und die Märchenhaftigkeit des Alltags. Ausgehend von der Eingangsszene liest er die *Traumnovelle* als einen Beitrag Schnitzlers auf eine zeitgenössische Diskussion zwischen jungen Schriftstellern im Wien der Jahrhundertwende. Er vertritt die Auffassung, *„dass sich die ‚Traumnovelle' nicht zuletzt als eine späte Antwort auf Hofmannsthals ‚Märchen' und den Ästhetizismus der Autoren des Jungen Wien lesen lässt. Auch Schnitzler sieht die ‚Märchenhaftigkeit des Alltäglichen', doch interpretiert er sie weniger allgemein und schicksalshaft als Andrian, Beer-Hofmann und Hofmannsthal, die […] in jeweils unterschiedlichen Formen die freischwebend-ästhetische Existenz eines in narzisshafte Ich-Befangenheit verstrickten Protagonisten gestalten. Schnitzler versteht das Märchenhafte des Alltäglichen vielmehr als ein in erster Linie psychologisches und soziales Problem. Angesichts einer um ein ‚Zwischenland' und den ‚Abgrund der Triebwelt' erweiterten psychischen Wirklichkeit des Menschen stellt er in seiner ‚Traumnovelle' die Frage nach der Möglichkeit einer über den Augenblick hinausgehenden Gemeinschaft von Mann und Frau. In diesem Zusammenhang weist er sowohl dem faktualen als auch dem fiktionalen Erzählen eine zentrale Rolle zu. So zeigt er psychologisch*

---

72 Ebd., S. 159.

realistisch, wie seine Figuren aus der Illusion konventionell begründeter Rollenbilder und eines scheinbar selbstverständlichen Miteinanders erwachen, indem sie sich und dem Partner Halbbewusstes bewusst machen und dank einer besonders reflektierten Form von faktualem Erzählen Zugang zu ihrem Innern finden. Dass sie dem bislang Verdrängten ihrerseits so selbstverständlich mit Hilfe des Erzählens den Stachel der Bedrohung nehmen und das ‚Kernlose des Lebens' unbeschadet erkennen und gemeinsam überwinden, übersteigt jedoch die Grenzen des psychologischen Realismus. Es ist nur deshalb möglich, weil Schnitzler das ‚fahle Licht des Traums' in seiner Erzählung um die ‚Wärme' und den ‚Glanz' des Märchens ergänzt. Eine so verstandene ‚Märchenhaftigkeit' auch des Textes, der die Geschichte von Fridolin und Albertine erzählt, wird in der Erzählung ebenso angezeigt und reflektiert wie das kompositorische Prinzip der Symmetrie, dem die ‚Traumnovelle' folgt. Insofern verbindet Schnitzler – anders als zum Beispiel Hofmannsthal in seinem ‚Märchen' – Elemente einer Alltags-, Traum- und Märchenwelt zu einer erklärtermaßen nach eigenen Gesetzen konstruierten erzählten Wirklichkeit, deren Lektüre zugleich aufklären und trösten soll."[73]

73 Scheffel, S. 132 f.

Literaturverzeichnis

1. Ausgaben

Schnitzler, Arthur: *Traumnovelle*, hrsg. von Michael Scheffel. Reclam Verlag, Stuttgart, Reclams Universal-Bibliothek, Bd. 18455, 2006.
(Nach dieser Ausgabe wird zitiert.)
Schnitzler, Arthur: *Tagebuch 1903–1908*, hrsg. von Werner Welzig. Verlag der Österreichischen Akademie der Wissenschaften, Wien, 1991. [Zit. als *Tagebuch 1903–1908*.]
Schnitzler, Arthur: *Tagebuch 1920–1922*, hrsg. von Werner Welzig. Verlag der Österreichischen Akademie der Wissenschaften, Wien, 1993. [Zit. als *Tagebuch 1920–1922*.]
Schnitzler, Arthur: *Tagebuch 1923–1926*, hrsg. von Werner Welzig. Verlag der Österreichischen Akademie der Wissenschaften, Wien, 1995. [Zit. als *Tagebuch 1923–1926*.]
Schnitzler, Arthur: *Jugend in Wien. Eine Autobiographie*, hrsg. von Therese Nickl, und Heinrich Schnitzler. Molden, Wien, 1968.

2. Sekundärliteratur

Allerdissen, Rolf: *Arthur Schnitzler. Impressionistisches Rollenspiel und skeptischer Moralismus in seinen Erzählungen.* Bouvier Verlag Herbert Grundmann, Bonn, Studien zur Literatur der Moderne, Bd. 11, 1985.
Bekes, Peter: *Arthur Schnitzler ‚Traumnovelle', Arbeitsheft.* Schroedel Verlag, Braunschweig, Texte. Medien, 2003.
Buch, Natalie: *Stanley Kubricks ‚Eyes Wide Shut' Was hat der Filmregisseur der literarischen Vorlage ‚Traumnovelle' von Arthur Schnitzler hinzugefügt?* Studienarbeit aus dem Jahr 2003. GRIN Verlag, 2007.

Erb, Andreas (Hrsg.): *Arthur Schnitzler ‚Traumnovelle'.* Ernst Klett Schulbuchverlag, Leipzig, Editionen für den Literaturunterricht, 2005.

Fischer, Tim: *Vergleich von Arthur Schnitzlers ‚Traumnovelle 'mit Stanley Kubricks ‚Eyes Wide Shut' im Hinblick auf Handlungsverlauf und Figurenkonstellationen.* Studienarbeit aus dem Jahr 2004. GRIN Verlag, 2007.

Fliedl, Konstanze (Hrsg.): *Arthur Schnitzler im zwanzigsten Jahrhundert.* Picus, Wien, 2003.

Fliedl, Konstanze: *Arthur Schnitzler.* Reclam Verlag, Stuttgart, Reclams Universal-Bibliothek, Bd. 17653, 2005.

Gladiator, Klaus: *Arthur Schnitzler ‚Traumnovelle'.* Stark Verlagsgesellschaft, Freising, Interpretationshilfe Deutsch, 2005.

Grobe, Horst: *Arthur Schnitzler ‚Lieutenant Gustl'.* Bange Verlag, Hollfeld, Königs Erläuterungen und Materialien, Bd. 463, 2007.

Heizmann, Bertold: *Arthur Schnitzler ‚Traumnovelle'.* Reclam Verlag, Stuttgart, Erläuterungen und Dokumente, Bd. 16054, 2006.

Imboden, Michael: *Die surreale Komponente im erzählenden Werk Arthur Schnitzlers.* Verlag Herbert Lang, Bern, Europäische Hochschulschriften. Reihe I: Deutsche Literatur und Germanistik, Bd. 47, 1971.

Johnston, William M.: *Österreichische Kultur- und Geistesgeschichte. Gesellschaft und Ideen im Donauraum 1848–1938.* Aus dem Amerikanischen übertragen von Otto Grohma. Wien u. a.: Böhlau, 4., ergänzte Auflage 2006.

Kubrick, Stanley, Raphael, Frederic: *‚Eyes Wide Shut'. Das Drehbuch.* S. Fischer Verlag, Frankfurt/Main, 1999.

Le Rider, Jacques: *Arthur Schnitzler oder Die Wiener Belle Époque.* Aus d. Franz. übers. von Christian Winterhalter. Wien: Passagen Verlag, 2006.

Martens, Lorna: *Naked Bodies in Schnitzler's Late Prose Fiction.* In: Strelka, Joseph P. (Hrsg.), *Die Seele ... ist ein weites Land. Kritische Beiträge zum Werk Arthur Schnitzlers,* Peter Lang, Bern, New Yorker Beiträge zur Österreichischen Literaturgeschichte, Bd. 8, S. 107–129, 1997.

Perlmann, Michaela L.: *Arthur Schnitzler.* Verlag J. B. Metzler, Stuttgart, 1987.

Polt-Heinzl, Evelyne und Steinlechner, Gisela (Hrsg.): *Arthur Schnitzler. Affairen und Affekte.* Christian Brandstätter Verlag, Wien, 2006.

Rey, William H.: *Das Wagnis des Guten in Schnitzlers ‚Traumnovelle'.* The German Quarterly, Bd. 35, S. 254–264, 1962.

Rey, William H.: *Arthur Schnitzler. Die späte Prosa als Gipfel seines Schaffens.* Erich Schmidt Verlag, Berlin, 1968.

Scheffel, Michael: *„Ich will dir alles erzählen". Von der „Märchenhaftigkeit des Alltäglichen" in Arthur Schnitzlers ‚Traumnovelle'.* Text und Kritik, Heft 138/139, April 1998, S. 123–137.

Scheible, Hartmut: *Arthur Schnitzler mit Selbstzeugnissen und Bilddokumenten dargestellt.* Rowohlt, Reinbek, rowohlts Monographien, Bd. 235, 1976.

Scheible, Hartmut: *Arthur Schnitzler und die Aufklärung.* Wilhelm Fink Verlag, München, 1977.

Scheible, Hartmut: *Liebe und Liberalismus. Über Arthur Schnitzler.* Aisthesis Verlag, Bielefeld, 1996.

Schrimpf, Hans-Joachim: *Arthur Schnitzlers ‚Traumnovelle'.* Zeitschrift für deutsche Philologie, Bd. 82, Nr. 2, S. 172–192, 1963.

Urbach, Reinhard: *Schnitzler-Kommentar zu den erzählenden Schriften und dramatischen Werken.* Winkler Verlag, München, 1974.

3. Medien

Film:

Eyes Wide Shut (Großbritannien/USA, 1999). Regie: Stanley Kubrick. Drehbuch: Stanley Kubrick und Frederic Raphael. Mit Tom Cruise als Bill (Fridolin) und Nicole Kidman als Alice (Albertine). DVD, Warner Home Video Germany, 2008. DVD, 153 Min.

Hörbuch:

Arthur Schnitzler: Traumnovelle, ungekürzte Lesung von Christian Brückner. Berlin: 2006, Parlando-Verlag, Edition Christian Brückner. 3 CDs, 201 Min.
Arthur Schnitzler: Traumnovelle, ungekürzte Lesung von Matthias Schweighöfer. Berlin 2008, Deutsche Grammaphon Literatur. 3 CDs, 167 Min.

4. Internetadressen

http://gutenberg.spiegel.de
(Text von Schnitzlers Novelle in der Sammlung Gutenberg)

www.ogl.at
(Österreichische Gesellschaft für Literatur. Überblick über Texte, Biographien, Inhaltsangaben, Rezensionen, Referate, Unterrichtsmaterialien usw.)

www.arthur-schnitzler.at
(Arthur-Schnitzler-Gesellschaft)

http://www.ub.fu-berlin.de/internetquellen/fachinformation/germanistik/autoren/multi_pqrs/schnitz.html
(Eine ausgezeichnete Linksammlung zu Schnitzler bietet die Homepage der Universitätsbibliothek der FU Berlin.)

http://eyeswideshut.warnerbros.com
(Offizielle Webpräsenz der Verfilmung)

Aufsatz

■ Qualität, die überzeugt!

- **schülergerecht dargestellt und aufbereitet**
- **klarer, übersichtlicher Aufbau**
- **Randleisten mit Info-Buttons**
- **mit Übungen und Lösungen**
- **erarbeitet in Anlehnung an die gültigen Lehrpläne**
- **Lernerfolg ist garantiert!**

Eckehart Weiß
Wie schreibe ich einen Aufsatz?
5.–6. Schuljahr
Sek I / RS / Gym (HS/AHS)
216 Seiten
Best.-Nr. 1511-9
Folgende Themen werden behandelt:
Die Erzählung / Der Bericht / Der Brief / Die Beschreibung / Schilderung / Textzusammenfassung

Eckehart Weiß
Musteraufsätze – erläutert und kommentiert
5.–7. Schuljahr, Sek I / RS / Gym (HS/AHS), 150 Seiten
Best.-Nr. 1520-1

Christiane Althoff
Wie schreibe ich einen Aufsatz?
7.–8. Schuljahr
Sek I / RS / Gym (HS/AHS)
180 Seiten
Best.-Nr. 1505-8
Folgende Themen werden behandelt:
Inhaltsangabe (auch erweitert) / Bildbeschreibung / Schilderung / Protokoll / begründete Stellungnahme und Kurzvortrag

Christiane Althoff
Wie schreibe ich einen Aufsatz?
9.–10. Schuljahr
Sek I / RS / Gym (HS/AHS), 200 Seiten
Best.-Nr. 1527-0
Folgende Themen werden behandelt:
Bewerbungsschreiben mit Lebenslauf, Analyse einer Rede, Erörterung, Personencharakteristik, Umgang mit Sachtexten, Gedichte untersuchen und interpretieren, Novellen und Romane untersuchen und interpretieren

Thomas Möbius
Wie schreibe ich einen Aufsatz?
11.–13. Schuljahr – Band 1
Sek II / Gym (AHS)
188 Seiten
Best.-Nr. 1484-6
Folgende Themen werden behandelt:
Die Inhaltsangabe / Die Erörterung / Die Textanalyse / Facharbeit

Thomas Möbius
Wie schreibe ich einen Aufsatz?
11.–13. Schuljahr – Band 2
Sek II / Gym (AHS)
160 Seiten
Best.-Nr. 1485-3
Folgende Themen werden behandelt:
Die Textinterpretation / Epik / Lyrik / Drama / Textvergleich

Eckehart Weiß/Katja Schössler
Musteraufsätze – erläutert und kommentiert
8.–10. Schuljahr, Sek I / RS / Gym (HS/AHS), 248 Seiten
Best.-Nr. 1502-7

Astrid van Essenberg / Eckehart Weiß
Musteraufsätze – erläutert und kommentiert
11.–13. Schuljahr, Sek I / RS / Gym (HS/AHS), 160 Seiten
Best.-Nr. 1503-4

Bange
...leichter lernen!